Últimas noticias de la guerra

TESTIMONIO

Últimas noticias de la guerra

JORGE ENRIQUE BOTERO

S

Primera edición en Colombia, 2006
Primera edición para EE.UU., 2006

© 2006 Jorge Enrique Botero
© 2006, Editorial Random House Mondadori Ltda.
  Avenida cra. 9 No. 100-07 piso 7
  Bogotá, D.C., Colombia

Diagramación: Claudia Milena Vargas L.

D. R. 2006, Random House Mondadori, S. A. de C. V.
  Av. Homero No. 544, Col. Chapultepec Morales,
  Del. Miguel Hidalgo, C. P. 11570, México, D. F.

www.randomhousemondadori.com.mx

Comentarios sobre la edición y contenido de este libro a:
literaria@randomhousemondadori.com.mx

Random House Mondadori México
        ISBN-13: 978-970-780-269-8
Random House Inc.
        ISBN-13: 978-0-307 -39116-2

Impreso en México / *Printed in Mexico*

Distributed by Random House, Inc.

Índice

A Felicidad,
por todas las veces que me preguntó por Solangie.

Capítulo I

–¿Está despierto?

–Más o menos.

–¿Y quiere saber lo que pasó?

–Estoy mamado de oírle el mismo cuento.

–Pero es verdad, ella fue la que se me arrimó.

–De cualquier manera se le va hondo: el Camarada dizque está volando de la piedra.

–Pues que vuele.

–¿Y si le hacen un Consejo de Guerra?

–No creo. Reglamento en mano, máximo me dejan sin fusil seis meses y me ponen a abrir por ahí un kilómetro de trinchera.

–Se le va más hondo, güevón: la hembra es una civil.

–Si, pero va a completar los tres años en esta selva.

–Eso no le hace: es una civil. Una civil y una prisionera de guerra, para más veras.

–Es una mujer y se me arrimó y yo le arranqué. ¿Qué quería que hiciera?

–Con civiles está prohibido. En todos los cursos lo han advertido. Hace cinco años que estoy oyendo lo mismo: "Con civiles está prohibido".

–Sea lo que sea, no alcanza para Consejo de Guerra.

–Allá usted si no quiere ver el tamaño de la cagada. Pero le aseguro que se le va hondo

–¡Entonces que me fusilen, pues!

–Baje la voz, guevón, ¿o quiere que todos se enteren?

–Igual se van a enterar. Todo el mundo vio esta mañana cuando sacaron a doña Clara y a Ingrid del campamento.

–Mejor duérmase que mañana va a estar áspera la vaina. Dicen que hay chulos cerquita y van a enviar una comisión a darles. ¡Quién quita que nos manden!

–Hasta mañana.

–Hasta mañana, papá.

–¿Eso fue un chiste?

–Perdón, hermanito: duérmase fresco, pero antes dígame una cosa.

–¿Qué cosa?

–¿Estaba buena?

–No joda.

–¿Cuántas veces le caletió?

–Duérmase y no joda.

La luna, brillante y metálica, se apropia de la noche. Desde la caleta, bajo el abrigo del toldillo, se ve el color plateado de las hojas y se pueden percibir los ruidos misteriosos del agua que baja por el caño, y los suspiros contenidos de las parejas que hacen el amor bajo los árboles, sonidos incesantes que apaciguan el cansancio e invaden el pequeño campamento hasta extenderse por él en forma de silencio.

Rigo oprime el minúsculo botón de luz de su reloj Casio y mira los números: las veinte cero cero. Todavía faltan cuatro horas para la puta guardia. Otra vez le ha tocado el peor turno. Duerme sus cuatro horas, paga la guardia y cuando vuelve a la caleta son las dos de la mañana, así que sólo le quedan dos horas de sueño. Acerca su cuerpo al de su hermano en busca de calor y cae de nuevo, envuelto en los pensamientos que lo han acechado sin pausa: la muerte de Javier, la tristeza tranquila y altiva de los viejos, el paradero de Solangie. Pero –sobre todo– la vaina de doña Clara y lo que dijo el Camarada al enterarse.

"¡Cómo me hacen semejante hijueputada!", dizque exclamó el Mono cuando el Gato le contó la joda.

A las cuatro y quince de la mañana se enciende en las caletas una sucesión de murmullos que recorre cada rincón de la pequeña aldea. Los guerrilleros se desperezan, se calzan las botas y, con el fusil terciado, hacen la primera formación del día.

Todavía está completamente oscuro cuando, después de susurrar en coro que "¡Viva Colombia!", marchan en fila india para situarse alrededor de su ciudadela clandestina, uno cada veinte metros, a esperar *encortinados* la llegada de las primeras luces…o la temida aparición del enemigo. Amanece y regresan al campamento, donde una humeante y enorme olla de café les da la bienvenida. Rigo y su hermano se sientan a la orilla de la cama. La cama es de palos y ellos maman gallo, toman café y hablan mierda mientras esperan el desayuno.

–Anoche no hice sino pensar en Javier y en los viejos, confiesa Rigo.

–Yo tengo guardados esos pensamientos para cuando nos manden en comisión. Quiero estar frente a unos chulos cuando vuelva a recordar al Javi, contesta Gregorio.

–También pensé en Solangie

–Olvídese de esa mujer. ¡Usted si es medio masoquista!

–Masoquista no, realista hermanito. Creo que nunca volveré a encontrar a una pelada como ésa.

Conociendo a Solangie

¿Es verdad que le quitaron media lengua, periodista? Por algo sería, por algo sería.

Y ¿qué más le hicieron? Muchos hijuemadres esos médicos. Pero berriondos también porque lo curaron. Le salvaron la vida, mejor dicho. Es que la medicina es una joda seria.

Cuando yo vine a este mundo, duré tres semanas entre la vida y la muerte, ¿cómo le parece? Yo era la tercera hija que tenía mi mamá y nací sietemesina y raquítica sin saberse a qué horas. Yo creo que pudo ser porque mi mamá estuvo muy enferma en el embarazo. Mi abuela me contó que durante dos meses la cogió un paludismo severo que la tiró a la cama y después dizque se tuvo que poner a trabajar como una loca para recuperar el tiempo perdido.

Trabajaba veinte horas diarias, de viernes a domingo. Imagínese, periodista, hasta 30 polvos en un solo día, tres días seguidos, 90 polvos semanales durante varias semanas, y con esos raspachines que venían tan arrechos del monte. De puras vainas llegué a este mundo.

¿Sí ve mi mano? Estos cinco deditos somos yo y mis hermanos. ¿Pilla? Yo soy este dedito: el de la mitad. Dos hermanos arriba y dos hermanas abajo, ¡y todos de distinto papá! El mío era un indio comprador de coca. Un indio con plata. Cuando dejó embarazada a mi mamá, el hijueputa estaba esperando que naciera un varón y al verme toda flaquita dizque escupió en el piso y dijo que eso no podía ser un hijo suyo, ¿entiende?, pero siguió con mi mamá. Yo no sé por qué ella permitía que mi propio papá me repudiara.

Por su culpa fue que les cogí bronca a mis hermanos. Él les llegaba con regalos: balones, bom–bom–bum, pistolas de plástico, guevonadas ordinarias. En cambio a mi, ni mierda. Mis hermanos me la montaban, que pobrecita sin papá, que la niña abandonada, siendo que los hijuemadres ni siquiera sabían quién era su propio taita.

Un día nos mandaron a desmontar un potrero, ahí cerquitica de la casa, y le pegué un machetazo a cada uno. Les di en las canillas por pura venganza, porque ellos me habían echado ácido en el estómago. ¿Pilla, periodista? Pille, pille, aquí en la barriguita. Cuando les di, ellos salieron corriendo a delatarme con mi mamá y yo me refugié con mi abuela y con mi tío, los únicos que me querían en la casa, pero ni por esas me salvé de una fuetera inolvidable.

Para ésa época yo tenía 12 años y ya no era la niña flaquita de antes. Ya me estaba saliendo este culazo, y me mantenía todo el día en la calle. Nunca paraba en la casa porque la tenía cazada con mi padrastro de esa época, el papá de mi hermanita Ángela. El hijueputa se me subía mientras mi mamá trabajaba. Yo le daba patadas, lo aruñaba y lo mordía, pero él insistía, muy puntual, noche tras noche. Hasta que un día dije: las güevas. Cogí el cuchillo más afilado de la cocina y lo metí debajo de la almohada. Por la noche me hice la dormida, esperé a que entrara en la pieza, lo dejé que se me subiera y le metí una cuchillada por el lado de las costillas que por poquito le perfora el pulmón. Hubo que hospitalizarlo porque se estaba desangrando, aunque no se le miraba la sangre por ninguna parte. Una hemorragia interna o no sé qué joda.

Mi mamá no me creía que el malparido quería violarme. Se puso del lado de él y preguntaba qué iba a hacer conmigo, gritaba que yo tenía metido el demonio adentro y anunciaba que me iba a mandar para un convento.

Pero qué convento ni qué hijueputas, en el pueblito no había conventos, ni monjas, ni curas. Lo único que había era guerrilla.

Desde chiquitica vi pasar guerrilleros por la calle. Entraban poco a las Delicias del Guaviare, que era como se llamaba nuestro negocio, el más concurrido y agitado del pueblito. Y el más grande, una casa roja y blanca de madera, de dos pisos, cortica de frente pero con un fondo largo, como de 80 metros; un solar lleno de árboles y agua abundante, una belleza de casa.

Cuando todas las piezas estaban ocupadas, con las muchachas trabajando, daban ganas de filmar aquello, periodista. La casa se movía para un lado y para otro y los crujidos de la madera se revolvían con la música de la vitrola y con las cochinadas que les gritaban los raspachines a las muchachas.

La casa quedaba sobre la calle principal, o sea que vivíamos entre una nube espesa de polvo amarillo que levantaban las motos, las camionetas y los camiones.

Abajo eran la cantina, el ruido, la música, el trago, los tropeles, la sangre y el billete pasando de mano en mano, entre corridos prohibidos, rancheras y vallenatos. Arriba había 16 piezas de dos por dos, todas dotadas con una cama y una pequeña mesita, el toldillo, dos toallas y largos clavos en las paredes, para colgar la ropa. ¡Ah! Y una vela en una repisita, sobre la cual el cliente siempre encontraba un jabón. Tengo esas piezas muy presentes porque, a cambio de un par de helados, los lunes le ayudaba a doña Elvia a arreglar el desorden que dejaban las tempestades sexuales del fin de semana.

Nosotros –o sea mi mamá, mi abuela, mi tío, mis hermanos y yo– vivíamos en dos piezas de aquella casa, al fondo del corredor del segundo piso, encima de la cocina. Mi mamá era la única que estaba allí de planta, pues las otras muchachas eran putas viajeras, o sea que residían en San José pero los fines de semana viajaban a los pueblitos de las orillas del Guaviare, detrás del billete de la coca. Los domingos por la noche, cuando los raspachines se quedaban pelados de marmaja, las muchachas lo daban por unos gramos de coca. O sea, el polvo por el polvo, ¿ si pilla periodista?

La guerrilla aparecía casi siempre los lunes, aunque también tenían su gente patrullando -vestida de civil pero armada- los sábados y los domingos. Cuando entraban al negocio, era porque iban encuestando a la gente. Andaban en grupitos de cinco, la mayoría jóvenes, muchachos de por acá, peladas que yo había visto trabajando en su casa o estudiando en la escuela. Ellas se veían bellas con sus uniformes verde oliva, tirando risa a toda hora, elegantes, ¿me entiende? Con el fusil al hombro o con la pistola al cinto, al lado de su machete. Uno los miraba encarretados en su vaina, bien alimentados, musculosos, con sus gorras y sus escuditos del Che Guevara o de Marulanda. Tomando gaseosa, comprando remesa. Felices de hacer parte de algo.

Cuando arrimaban a Las Delicias, averiguaban de dónde era fulana; quién era la rubia nueva que había llegado en la voladora del sábado, dónde andaba sutano que hacía rato no lo veían. También preguntaban por el estudio de los niños. Si estábamos yendo a la escuela, nos regalaban cuadernos y lápices. Yo los miraba y ellos me miraban.

Para ésa época yo me llamaba Carolina y —como ya le conté- tenía 12 años. Odiaba mi nombre porque mi mamá se había pasado toda la vida diciéndole a la gente que me había puesto Carolina para que, aunque fuera, tuviera algo bonito. ¡Dizque bonito semejante nombre!

Los guerrilleros me decían, venga Carito, cuéntenos tal vaina: por qué se agarraron a tiros el paisa y el boyaco o cuántos compradores de coca vinieron el fin de semana. Yo les contaba y si no sabía, me iba por ahí y lo averiguaba. Con el paso del tiempo ya me aumentaron la confianza. Ellos estaban haciendo una lista de la gente más rica de la región para que les colaborara con plata y me pidieron que les ayudara. Eso sí, al primerito que metí fue a mi papá. Les dije que el hijuemadre indio era millonario. Nunca supe qué pasó con la tal lista, pero me imagino que a mi papá tuvieron que secuestrarlo para que aflojara marmaja porque el viejo tenía bien avanzada la enfermedad de la tacañería.

Cuando acababa de cumplir los 13 años yo ya casi era una miliciana, pero también era casi una mujer. No solo por el cuerpo que tenía, sino por todo lo que sabía de la vida.

¿Quiere que le cuente qué sabía, periodista?

Sabía del sexo más que cualquier persona adulta. Yo era virgen –ni siquiera me habían dado mi primer beso–, pero le aseguro que lo había visto todo. Imagínese, viviendo desde chiquitica en un putiadero donde las paredes de las piezas eran unas tablas llenas de agujeros.

También sabía de sangre, por la cantidad de heridos que dejaban los fines de semana; sabía de merca pues ayudaba a pesar las bolsas de coca en la báscula que teníamos en la cocina; sabía trabajar en el campo, sabía montar en bicicleta y a caballo, sabía criar porque me tocó levantar a mis dos hermanitas; sabía leer, escribir y pintar. Me encantaba pintar. Lo que mejor pintaba eran los mapas y por los hijuemadres mapas fue que vine a parar a la guerrilla, hace siete años. Siete años largos, agitados, gozados y sufridos, para qué le voy a decir periodista.

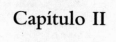

Capítulo II

–Usted sabe muy bien que esa pelada está loca, ¡lo vivió en carne propia!, hermanito.

–Solangie no está loca, es más inteligente que todas estas viejas juntas: sabe más que usted y más que yo. Cuando uno va, hace rato que ella ya viene. ¡Tengo que averiguarme a dónde fue a parar! Antes del traslado me dijo que quería volver a la Emisora, que estaba aburrida por acá, con tanto Reglamento.

–Este lugar es mucho más tranquilo desde el día en que se fue Solangie, hay menos chisme.

–Pero si la hubieran dejado aquí, yo no estaría en este lío tan hijueputa.

–En eso si estamos de acuerdo. Con la traga que usted tenía por esa muchacha, era imposible que fuera a cagarla con doña Clara. Mejor dicho, a usted lo cogieron fue en pleno despecho, papá.

–¿Me va a seguir mamando gallo?

–¿Cómo así?

–¿Por qué tiene que decirme "papá" a toda hora?

–Yo siempre le he dicho así, güevón, deje la paranoia…y no me cambie el tema. Seguro que doña Clara ya le tenía echado el ojo y apenas se pilló que usted estaba solito, ¡tenga!, se le vino con todo.

–Si Solangie volvió a la Emisora, seguro que ya le cayó el Fidel. Eso de que las mujeres siempre regresan a su primer hombre es cierto.

–Como así ¿Fidel fue el primero que coronó a Solangie?

–Claro, güevón. No ve que en esa época él era Comandante del 54, el frente que reclutó a la china.

Solangie tímida

¿Puedo ser sincera con usted? A veces los periodistas me dan asco. No se emberraque antes de escucharme. Más bien póngame cuidado: el otro día salió la noticia de una muchacha desertada que contaba intimidades del tétrico mundo de la guerrilla. "Intimidades" y "tétrico", me acuerdo muy bien que esas fueron las palabras que usó el señor que presentaba las noticias. El tipo dijo que la pelada había sido obligada a pasar una prueba antes de ser reclutada: tirar en una misma noche con todos los guerrilleros del campamento, comenzando por el Comandante. La china se veía en la tele de espalda y nunca habló nada de sexo, sólo la mostraban diciendo que quería dejar la guerra. Lo mismo que queremos todos los guerrilleros.

Yo veía el noticiero y me acordaba de mi primera vez en la guerrilla y le prometo que me dio asco al ver ese informe, porque yo no sé cómo habrá sido la desvirgada de ella o de otras muchachas –es posible que a muchas les haya ido mal– pero le aseguro que no las violaron. Si acaso, dieron con un mal polvo, un chino afanado que las dejó iniciadas, o con un man que tenía el aparato demasiado grande, pero violadas ni por el putas.

Es verdad que aquí la gente no es muy romántica. Los muchachos son bruscos, ¿pilla?, ninguno se va para el monte a traerle a una un ramo de flores. Pero es imposible que una muchacha sea violada. El man que viole a una pelada se muere ese mismo día o al otro, fusilado. Lo dice el Reglamento claritico.

Ése es sólo un ejemplo para explicarle por qué les cargo tanta bronca a ustedes. Yo no sé qué es lo que les pasa, por qué son así, si es por la gana de armar escándalos o porque los mandan, o sencillamente de puro hijueputas.

¿Si ve?, ¿no le digo? Ya le metió morbo a la vaina. Pero no importa, periodista, le voy a contar de mi primera vez, del día inolvidable que me desvirgué aquí en el monte. Ponga cuidado, preste atención, como dice la salsa.

Los muchachos que pasaban por el pueblo pertenecían al 54, un frente muy experimentado, con años de trabajo en el Guaviare. Era uno de los que había crecido más rápido y uno de los que más peleaba. Los muchachos vivían encendidos a plomo con el ejército, con los paras y con la policía. Y para que le voy a decir: tenían corriendo a los chulos.

A finales del 97 reunieron a la gente del pueblo una tarde de domingo y notificaron oficialmente que la guerrilla era la única autoridad legítima del Guaviare. Ese día llegaron al pueblo más de 200 guerrilleros, la primera vez que uno veía tanta tropa junta.

Taponaron el tráfico del río y el de la carretera para hacer una parada militar. Cantaron sus himnos y gritaron consignas contra el gobierno. Al final de la parada, izaron su bandera, que es la misma de Colombia pero con unos fusiles atravesados. Nosotros nunca habíamos visto un gringo por ahí, pero dijeron que ellos eran los principales culpables de nuestra pobreza.

Después sacaron acordeones y guacharacas y armaron una tremenda fiesta que duró hasta el lunes. El pueblito no era muy vallenatero, pero la rumba estuvo buena, por la alegría que le pusieron los muchachos y porque la gente sentía que por fin había una autoridad en estas lejanías. A partir de ese día todos los problemas de las orillas del Guaviare, de San José a Puerto Cachicamo, los resolvió el frente 54. Desde los divorcios y los matrimonios hasta el robo de una gallina, los líos de linderos, el precio de la leche y la sanidad de las putas. Todo, absolutamente todo.

Se lo digo porque lo vi, y lo vi porque desde ese día soy guerrillera.

Yo ya había pedido ingreso, pero los muchachos que iban en comisión al pueblito se me hacían los güevones. Claro, a ellos les convenía más tenerme de miliciana, tirándoles datos, guardándoles vainas. Haciendo vueltas para arriba y para abajo. Yo les preguntaba cuándo me iban a llevar y ellos me salían con cuentos chimbos, que la edad, que primero estaba el estudio, que la decisión era del camarada Fidel.

Hasta que llegó el día de la pachanga grande: la guerrilla llegó con su comandancia y yo dije "aquí fue, marica, se va de guerrillera". Y me le pegué al combito que le hacía la guardia a Fidel.

Fidel era el Comandante del 54. Se había puesto su nombre en homenaje a Fidel Castro, pero andaba arrepentido desde que le oyó decir al presidente cubano que la lucha guerrillera ya no tenía sentido en América Latina.

La noche que oyó a Fidel diciendo semejante vaina, Fidel estaba viendo el noticiero con su guardia, en una tienda a la orilla de una carretera desolada del páramo de Las Papas, y no pudo evitar que se le saliera un largo y sonoro hijueputazo. No era para menos, pues había pasado años y años diciéndole a su guerrilla que aquel hombre era el duro entre los duros, y ahora

-de un día para otro- el viejo, con la voz fatigada, borraba con el codo todo lo que había escrito con sus manos.

Sin embargo, Fidel se siguió llamando Fidel.

Yo jamás lo había visto pero ya sabía bastante de él: que era un man joven, llanero del Ariari, apuesto y mandón. Seco, mejor dicho. De pocas palabras, pero amable en el trato con la gente.

Lo poquito que conocía de Fidel y de la vida guerrillera me lo había contado Yira, la pelada que me habló por primera vez de la Emisora. Yira y yo nos hicimos bien amigas pues teníamos exactamente la misma edad, 15 años, y su mamá como que andaba en las mismas que la mía. A Yira le ayudé a parir su hijo en esta selva y me gocé con ella los primeros meses del bebé, que se llamó Manuel. Ésa fue mi primera experiencia de partera y nunca me imaginé que se repetiría.

Claro que con doña Clara fue distinto, mucho más difícil. En el campamento donde nació Manuel había enfermeros con su instrumental, la vuelta fue breve y hasta bonita, de día, con la gente viendo llegar el muchachito al mundo, en medio de aplausos y canciones.

Sin embargo, cuando Mánu -como le decíamos al hijito de Yira- cumplió cuatro meses, se nos vino encima un operativo muy berraco y lo tuvimos que dejar con una compañera, mamá de un guerrillero, dueña de un granero en Puerto Amor, a orillas del río Losada.

El niño debe tener como cinco años, pero lo que le diga de él es mentira. Creo que ni la misma Yira sabe de la criatura.

¿Si pilla como soy? ¡Otra vez me le fui por las ramas! Otro día le hablo de Yira porque ahora le estoy contando es de mi primer polvo.

Téngame paciencia y verá que le cuento vainas hasta para escribir un libro, periodista.

¿En qué íbamos? ¡Ah si!, en la pachanga. El lunes, cuando terminó la fiesta, yo me le fui de una a Fidel y le pregunté qué pasaba con mi ingreso. Él me contestó que no sabía de qué le estaba hablando y ahí confirmé que los muchachos nunca habían planteado el asunto mío. Pero no me importó, le conté quién era y qué hacía, le dije que quería ingresar, le confesé que soñaba con ser guerrillera, y le grité que no me soportaba más ni mi casa, ni el pueblo, ni las putas, ni las profesoras, ni el polvo amarillo del camino.

Fidel era tan seco como decían. Le hacía honor a su fama, parecía el hombre de hielo. Primero me miró de arriba abajo, después clavó sus ojos en los míos y me preguntó cuántos años tenía. Yo sabía que el Reglamento autorizaba ingresos desde los 16, así que sin pensármelo un segundo le contesté que iba a cumplir 17. Él me miraba a los ojos y yo no parpadeaba, esperando que me diera el si, pero cuando estábamos en ésas llegaron los de la Junta y Fidel se encerró con ellos en la Casa Comunal a hablar de escuelas, de carreteras, de puestos de salud y de peajes.

La reunión duró como dos horas, durante las cuales yo aproveché, me fui para la casa y empaqué mis cosas en el mismo bolso que usaba para ir a estudiar. Ya era casi el medio día de aquel lunes cuando me le presenté otra vez al Comandante. Fidel me volvió a examinar. Esta vez su mirada delataba cierta curiosidad, pero al mismo tiempo dejaba asomar un montón de dudas. Tal vez sospechaba que yo apenas tenía 15 añitos. Así que me la jugué con la carreta que tenía guardada. "Comandante –le dije– usted tiene en frente a una mujer que pide ser guerrillera pero que puede terminar de puta. Además, soy la mejor dibujante de mapas del oriente colombiano. Si no me cree, pregunte en la Escuela".

Yo estaba vestida con un bluyin bien apretado, que me hacía ver más grande y más linda mi cola, y con una camisetica amarilla. A Fidel le dio risa y yo pensé, estoy adentro. Pero el hijuemadre era desconfiado y no comía de nada. Me tocó volver hasta la casa y llevarle el cuaderno de geografía. El cucho se quedó un buen rato mirando los mapas mientras yo sentía que el corazón se me estallaba. Las piernas me temblaban cuando Fidel cerró el cuaderno, me lo devolvió y, señalándome con el dedo índice, le anunció a Ernesto que se hiciera cargo "del nuevo ingreso".

Ernesto era el segundo al mando y de entrada quiso que yo lo supiera: apenas salió Fidel, me ordenó que abriera el bolso y fue sacando y botando los chiritos que yo había empacado. "La señorita como que iba era de rumba", dijo en voz bien alta cuando encontró en el fondo del bolso un juego de ropa interior que le había comprado –a escondidas- a una señora que pasaba cada ocho días por Las Delicias del Guaviare vendiéndole mercancía a las muchachas. Era ropa muy sexy, apta para el trabajo de ellas. Cuando Ernesto la sacó y soltó su lindo comentario, los muchachos que estaban ahí estallaron en risas, y yo me puse colorada, de la pena y de la ira. Pero también pensé de una: este güevón me las paga.

Y así fue, porque Ernesto no sólo quería demostrarme quién mandaba en la rutina diaria, sino que –desde el día de mi ingreso- comenzó a chicanear de papito, a dárselas de que todas caían a sus pies y a anunciarme de mil maneras que yo sería la próxima en su caleta. El hijuemadre no era ni feo, para qué le digo, periodista, a mí hasta me gustaba, sobre todo cuando se paraba frente a nosotros, en la formación, a darnos el orden del día, a repartir las tareas y a asignar los turnos de la guardia. Era el más alto y más fornido de los muchachos. A todos se los llevaba en el trabajo, y en la pelea ni se diga. Pero además se veía muy elegante con su uniforme, sabía lucir el camuflado, las forrituras, su gorra de Che Guevara.

A medida que me fueron cogiendo confianza, las peladas me contaban que al man se le iban los ojitos mirándome durante el baño. En esa época estábamos en un campamento muy bonito que había sido de Marulanda, cerquita del Yarí. Decían que era el único lugar de Colombia en el que el Viejo había permanecido más de un año. Yo pensaba: si semejante man tan vivo se quedó en este sitio todo ese tiempo, aquí no nos pasa nada. Y comencé a gozarme el campamento. Le decían La Piscina. Tenía bastantes casitas y estaba comunicado por caminos de tablas que llevaban a la rancha, a las aulas, al comedor, a la enfermería, a la odontología y a las oficinas de los camaradas. Tenía una sala de cirugía, una de rayos x y una imprenta donde se hacía la Revista. Había hasta un laboratorio de fotografía. Como una ciudadela en la selva, debajo de los árboles más altos y más grandes que he visto en mi vida.

Por la parte de abajo del campamento pasaba un caño grande y los guerrilleros habían hecho una especie de piscina, espectacular para el baño, que era donde el camarada Ernesto se deleitaba con mi cola (y eso que se perdió de verme con la pinta de ropa interior que me decomisó el día del ingreso).

Cuando las otras peladas me contaron que el cucho no hacía sino mirarme, yo dije: aquí está su desquite, marica. Y así fue. Cada vez que lo pillaba mirándome, yo me hacía la que se me caía algo y me agachaba para que le dieran mas ganas y entre más ganas mostraba, más lo provocaba.

Hasta que un día me designó en una comisión para ir a La Machaca, a recoger parte de la remesa. Al frente de la comisión, claro, iba él. Salimos del campamento a eso de las ocho de la mañana. La comisión éramos yo, Ernesto y una camarada india que andaba más que una moto. Se llamaba Nancy y en ésa época era uno de los personajes del campamento.

Nancy se había vuelto famosa por un tropel que tuvo con Alexandra, una pelada danesa, muy bonita de pelo largo y mono, que ya llevaba más de un año en la guerrilla. Según contaban, la india y la danesa se habían agarrado después de una marcha, cuando les tocó dormir en la misma caleta. La marcha había sido extenuante y muy tensa pues traían a los chulos respirándoles en la nuca. Después de varios días de andar, por fin habían logrado improvisar unas camas de palo y todos habían caído exhaustos. La india ya estaba dormida cuando Alexandra se acostó a su lado, no sin antes quitarse las botas. Pasaron unos segundos y cuando la monita ya se estaba quedando dormida, Nancy dizque se levantó como una fiera, gritando que ella no tenía por qué mamarse la pecueca de nadie, por más europea que fuera. Abrió su equipo, sacó unos talcos Mexana y se la sentenció a Alexandra: o se lavaba los pies y se echaba talcos, o se iba a dormir a otra parte. Al otro día todos se reían viendo la cara de indignación de ambas.

A propósito, periodista, la berrionda danesa fue la que descubrió el embarazo de doña Clara, la señora que secuestramos con Ingrid. ¿Puede creerlo? La europea resultó más maliciosa que las indias y que todos nosotros.

Pero sí ve: ¡otra vez me estoy yendo por las ramas! No le digo, lo que pasa es que hay mucha vaina para contar ¡y como usted no me interrumpe!...Todavía no estoy ni cerquita de la desvirgada y ya llevamos horas echando carreta en esta caleta, usted tome que tome agua y yo sin ofrecerle ni un tinto.

Le contaba que el Ernesto había cuadrado las vainas para hacerme el viajao durante la comisión a La Machaca. Salimos a un paso parejito, por una trocha que tenía bastante monte, pero también mucho terreno descampado, potreros como un berraco. Cuando llevábamos como dos horas de camino, Ernesto mandó a la india adelante, dizque para explorar el terreno. Nosotros nos quedamos en la orilla de un cañito lo más bonito, de aguas cristalinas. Yo creo que el hijuemadre ya había pasado por ahí y había escogido ese lugar para sus propósitos, porque –para que le digo– el sitio era hasta romántico. Tenía su playita y estaba bien resguardado, con matas y árboles por todos lados.

Ernesto cargaba una cámara de fotografía, de esas digitales que dejan ver las fotos ahí mismo, en una pantallita, y comenzó a dispararme. Me hacía una foto y me la mostraba, venga mi amor mira cómo quedó de bonita. Y yo como una güevona iba y miraba, de pura vanidad, a ver cómo había quedado. Y entre foto y foto y mirada y mirada, se me fue arrimando, hasta que de un momento a otro se me mandó a besarme y a abrazarme. Al primer intento, a mi me dio fue risa y el man pensó que yo le estaba dando el ladito, pero cuando la cosa se puso color de hormiga cogí un palo y le dije que si seguía jodiendo, ahí mismo nos levantábamos. A palo o a plomo o a lo que quisiera. "¡Qué se está creyendo!", le dije. Y le saqué a bailar el Reglamento.

Reglamento es lo primero que uno aprende cuando ingresa a la guerrilla, y yo me lo sabía casi de memoria. Él se frenó, pero no del todo. Lo que hizo fue cambiar de táctica. Se puso a echar carreta y le metió romanticismo a la vaina. Que desde el día en que me había visto, que yo tan jovencita y ya parecía una mujer, que a él lo que le faltaba en este monte era una vieja firme, una compañera para todo lo que quedaba de lucha. No me lo va a creer, periodista, pero el chino hasta llevaba un librito de poesía y se puso a leerme, ahí a la orilla de ese caño, en plena amazonía, un poema de Pablo Neruda. Ese poema nunca se me olvidará porque es muy hermoso, después me lo aprendí y no hacía sino recitarlo en las cortinillas culturales que teníamos en la Emisora. Me acuerdo que era un poema de un libro que se llama *El Canto General*.

Yo sabía que los cuentos y los poemas de Ernesto no eran sino una táctica para echarle mano a esta cosita, así que me hice la boba, la que le ponía cuidado, pero en realidad estaba alerta para responderle si se me volvía a arrimar, y también para salir en pura, corriendo hacia el campamento, por la misma trocha por la que habíamos llegado. En esas estábamos cuando apareció Nancy y yo dije: se salvó, marica.

Por la tarde, de regreso al campamento, yo miraba de re-ojo al camarada Ernesto. Tenía la frente arrugada, iba arrecho, puto y callado. Yo me imaginaba sus pensamientos: esta vieja hijuetantas me las paga.

Y no me equivoqué. Esa misma noche comencé a pagar mi delito, el delito de no aflojarlo. A la hora de asignar los turnos de la guardia, el macho herido me dio el de las dos de la mañana, el turno más berriondo. Después me metió en la rancha dos días seguidos y fue ahí cuando estallé.

Resulta que el Reglamento dice que se debe ranchar con el uniforme. Pero en verano no hay quien se aguante una ranchada con el uniforme encima. Imagínese: madrugar a las tres de la mañana, hacer el desayuno, preparar los refrigerios y el almuerzo, hacer la comida y dejar todo limpio y listo para entregarle al relevo, ¡en uniforme! Los fogones prendidos a mil, las ollas echando su vapor, el sol encima ¡y una de uniforme! Olvídese, eso no hay quien lo aguante. Se soporta más un sauna con ruana, como decía Rigo, mi ex.

Así que la gente camella con su camiseta, su body, su esqueleto, y los comandantes no dicen nada, se hacen los de la vista, ¿me entiende?

La rancha es bacana. Yo gozo haciéndole la comida a mis compañeros, pillando los colores de las viandas, picando los tomates, pelando la yuca, cuidando que no se vaya a ahumar el arroz ni por el putas. ¿Sabía que la ahumada del arroz da sanción? Es que ése Reglamento es muy berraco, una vaina muy completa, para qué, periodista. Me acuerdo que a la danesa, recién ingresada, le tocó abrir dos metros de trinchera por haber dejado que el arroz se ahumara.

Pero la vieja salió berraca. Después de la sanción le tomó un extraño amor al camello, una vaina obsesiva. "!Estoy que me trabajo!", gritaba todas las mañanas, después del desayuno, y entre más camello le ponían más pedía. Cogió un cuerpo increíble la danesa, ni idea qué será de su vida.

Una vez, precisamente ranchando, me contó cómo había venido a parar a estas lejuras. Llegó al país por Manizales, en un intercambio universitario. Ella como que también es del campo. Del campo en Dinamarca, claro. Los primeros meses se dedicó a rumbiar todas las noches y todos los días, al ritmo de los pelaos de su universidad, unos niños ricos que andaban en los carros de los papás, gastando trago y metiendo perico en las discotecas de Villa María. Es increíble que esa pelada hubiera terminado en la guerrilla, aunque, por la formación que traía de su tierra, también es explicable que ella sea guerrillera.

Pero otra vez nos salimos del camino, periodista. Es que si usted no me ataja, yo me desvío, me pongo a contar todas las vainas que se me pasan por esta cabecita y no se imagina cuántas pueden salir. Son tantas que a veces me duele la torre, y quisiera poner la mente en blanco, apagando para siempre los recuerdos que no se resignan a morir, así uno les eche maldiciones, y noches de ron, y boleros y tangos. No me diga que a usted no le ha pasado lo mismo, periodista.

¡Ah!, bueno, entonces no soy la única. Me alegra conocer a otra persona que sufre por cuenta de la pensadera.

Pero volvamos a la rancha: estando ahí, como a las once de la mañana, cuando ya teníamos listo el almuerzo, yo no me aguanté más el calor y dije: las guevas. Y me quité la camisa. Quedé en body, el cuerpo totalmente cubierto en sudor, imagínese, sirviendo la sopa, el arroz, la pasta, la temperatura al máximo, los rayos del sol colándose por entre las hojas del techo como una lluvia de alfileres hirvientes. Cuando, preciso, se aparece Ernesto acompañado del Camarada.

Yo alcancé a ver cuando Fidel se quedó mirándome, en pleno agite, y dejó asomar un brillo en su mirada. Sus ojos tenían la forma de la risa y yo como que también le contesté con la misma, porque no fue sino que termináramos de servir el almuerzo, cuando ya me estaba mandando a llamar. Yo hice de tripas corazón pero me puse la camisa. Ni modo de llegarle en body al Comandante. Aquella tela burda y verde me raspaba y se pegaba a mi piel de una manera insoportable, que yo no podía disimular, así que cuando me le presenté a Fidel, él presintió mi incomodidad de una.

-¿Mucho calor?, señorita dibujante de mapas, me preguntó saludándome con la mano extendida.

-Bastante -le contesté-, secándome la frente con el brazo. Es que en verano es muy bravo ranchar con el uniforme.

Fidel se pilló que yo miraba de reojo a Ernesto y me cogió la caña. Se sintonizó conmigo, mejor dicho. Le preguntó a Ernesto por qué nos ponía a ranchar con uniforme en pleno verano y le dijo que lo importante era que la gente trabajara en las mejores condiciones posibles.

-Y ojalá cada uno haciendo lo que más le guste, o -al menos- lo que mejor le quede, agregó, levantando la voz para que todos oyeran.

-Por ejemplo, ahora estamos montando la Emisora del Frente y necesitamos camaradas con estudio. Con buena voz y que no se le arruguen al micrófono, mujeres y hombres, anunció Fidel, paseando la mirada por el auditorio, cada vez mas grande, de guerrilleros y guerrilleras que se aglutinaban a su alrededor.

A mí se me chorreaban las babas oyendo a Fidel, pues Yira ya me había hablado de la Emisora. Creo que el Comandante me pilló las ganas, pues no me quitó el ojo de encima cuando agregó que pondría en marcha lo acordado por la Octava Conferencia de los guerrilleros de la Nueva Colombia y fundaría una emisora en FM, con un alcance que cobijaría a los corregimientos de La Cristalina, La Tunia, Yaguará, El Refugio y Buenos Aires y Lejanías, para contrarrestar la manipulación de los medios de la burguesía. No era la primera vez que yo oía la palabra *burguesía*, pero esa vez me quedó sonando. Era igual que cuando Ernesto hablaba del enemigo, una figura que es difusa, pero que uno sabe que está ahí, acechándolo.

–Eso por ahora –advirtió Fidel– pues en unos meses llegaremos hasta San Vicente, Neiva, Bogotá e intermedias.

Dos días después, luego de que los comandantes estuvieron encerrados haciendo planes, cuadrando cuentas, tomando whisky y hablando mierda, yo iba camino a mi nuevo destino, la Emisora, detrás del camarada Fidel, con unas ganas tremendas de dárselo al hombre que mandaba en el Guaviare.

Cuando emprendimos la marcha, Fidel me abrazó y me dijo que ahora yo pasaría a ser una guerrillera "en el combate de las ideas". Tres días después estaba en el inolvidable campamento donde dejé de ser una niña y me convertí en mujer, y gocé el sexo y aprendí a hacer libretos y leí poemas, discursos, noticias y partes de guerra del Bloque Oriental del Ejército del Pueblo frente a un micrófono, desde las cuatro y media de la mañana hasta las nueve, y de las cuatro a las seis de la tarde, todos los días de mi vida durante los dos años seguidos y mágicos que siguieron a mi inolvidable desvirgada.

Capítulo III

–¿Será verdad que la sapa fue la danesa?

–No sé, pero dicen que fue la primera en darse cuenta. Claro que están exagerando con el cuento de que la compañerita tiene mas malicia que los indios. ¡Quién no se iba a dar cuenta, si doña Clara ya tenía seis meses el día que mandaron a llamar al médico! Lo raro fue que nadie se la hubiera pillado antes.

–Lo que se dice por ahí es que la danesa le contó al Camarada para hacer puntos, a ver si por fin le paraba bolas.

–Qué bolas le va a parar, con la belleza de china que tiene el Camarada. Hacía rato no se veía una guerrillera tan hermosa como Silvia. ¿La ha visto en el caño? Esa china va a ser la perdición del Camarada, póngale la firma.

–Lo mismo que Solangie para usted, papá.

–Volvemos a la misma. Déle con Solangie.

–¿No dizque la ama y la adora?

–Precisamente por eso no quiero que la nombre.

–Y de lo otro, o mejor dicho, de la otra ¿ha sabido algo?

–Nada, el Camarada me dijo que el Mono anda muy ocupado y que está lejos. Pero me advirtió que me preparara; me anunció lo mismo que usted, que se me iba hondo.

–¿Para Consejo de Guerra?

–No dijo nada más, ni yo le pregunté. Toca esperar a que el cucho venga por acá, o a que me mande llamar. Yo lo que voy a hacer es decirle toda la verdad, la forma como sucedieron las

vainas y punto. Él verá qué hijuemadres hace conmigo, aunque
–la verdad–, Gregorio, me importa un culo lo que decida. Yo
estoy aquí luchando por una joda en la que creo, arriesgando
el pellejo, ¿me entiende?, pasando privaciones que nadie se
imagina, y no me pienso morir por una culiada. Vuelvo y le
pregunto ¿¡qué hijueputas hubiera hecho usted si la hembra
le da el lado!?

–Si la mujer se le mandó fue porque vio que usted también
le tiraba pelota, esa vaina siempre es de parte y parte, no venga
ahora a dárselas de víctima, como si hubiera sido la presa de
un animal salvaje.

–Hay algo que no le he dicho.

–Cuente.

–La maricada de ser papá me tiene pensativo.

–No, pues, ahora solo falta que pida permiso para llevar al
muchachito a la Notaría.

–Ayer pude ver a doña Clara de lejos, cuando la trasladaban
a otro campamento. Me pillé la barriga que tiene y me quedé
pensando "ahí va mi hijo".

–Usted no debería pensar en esa criatura, Rigo. Creo que
ni siquiera va a conocerla, hermano. Por algo ya se llevaron
de aquí a doña Clara y a Ingrid.

Después de casi una hora de camino, Gregorio y Rigo
suspenden la conversación pues se aproximan a un pequeño
rancho campesino. Es una bella casa de techo de paja, paredes de madera y piso de tierra, construida en el filito de una
tímida montaña.

Mientras los perros ladran, los hermanos se miran, recor-
dándose, en silencio, que deben pasar de largo, "sin recibir ni
una totumada de agua", como les advirtió el Camarada.

La anciana abuela de aquella casa refundida entre la selva y los llanos profundos, donde se procesan un par de kilos de base de coca al año, tiene hepatitis. En anteriores trayectos, ellos han visto a la enferma, tirada en la cama, amarilla y delirante, y temen el contagio. La última vez que pasaron le dejaron unas cuantas pastillas para desinflamar el hígado, pero ahora van de afán y no se detienen a preguntar por la paciente.

Su misión es recoger a un señor que llegará en cualquier momento a Las Ánimas, así que apuran el paso, intentando arribar a su destino antes del mediodía. Lo único que saben del señor es que viene de Bogotá.

Mariana les ha advertido que el cucho está medio enfermo. "Si lo ven muy jodido, le consiguen bestia". Mariana está encargada de recibir a los civiles que vienen de la ciudad. Nació y creció en Bogotá, "en el Poli". El Poli es el Policarpa, el barrio comunista que germinó en una semana santa de los años sesenta entre los sermones de los curas y los gases lacrimógenos de la policía; los alaridos de los niños, las casas de tela asfáltica, la lluvia y las piedras y los palos y los gritos de las mujeres dispuestas a todo para que sus hijos crecieran debajo de un techo. "Hay que ver lo que es hoy en día el Policarpa!", se ufanaba Mariana cada vez que hablaba de su amado barrio.

Cuando Rigo y Gregorio llegan a Las Ánimas son las once de la mañana y el pequeño caserío arde en una actividad inusual. Rigo le pregunta a su hermano menor qué día es y Gregorio hace cuentas. Antier, domingo, oyó los partidos del campeonato, o sea que es martes. Todavía tiene en los labios el dulce sabor de la victoria. El rojito ya es segundo en la tabla y, lo mejor, le cascó a las gallinas. Incluso, es posible que llegue a la Libertadores. Las cuentas de Gregorio no cuadran con la algarabía que los circunda.

–El pueblo está raro, aquí no se mueve ni una mosca entre semana, advierte Rigo.

En ese momento, cada uno enciende los reflejos de su instinto. Los dos se llevan la mano al cinto, buscando la nueve milímetros, que es el arma de cargar cuando se sale en comisión a los pueblitos. Con las pistolas en la mano derecha, exhibidas sin ningún disimulo, los dos guerrilleros se van adentrando al centro de la agitación que envuelve al caserío.

Las mujeres gritan enfurecidas. Evidentemente son las instigadoras del desorden. En las orillas de la momentánea revuelta, los jóvenes y los niños dan brincos y contribuyen al escándalo, exigiendo castigo, algo de acción, ojalá un ahorcado, como en las películas de vaqueros del Canal Uno.

Todos los perros de Las Ánimas ladran al tiempo, mientras un hombre viejo, de canas abundantes y bigote tupido, al que le dicen El Paisa, trata de apaciguar las llamaradas de insultos y amenazas que caen sobre el señor Carvajalino.

Don Emilio Carvajalino está al fondo del Salón Comunal, inmóvil, enroscado en sí mismo, con los ojos tan abiertos que parecen a punto de explotarse, suplicándole a la vida que lo salve de la muerte terrible que le espera, si es que no se hace algo rápidamente. Si no se aparece la Virgen Santísima o el Divino Niño. Don Carvajalino es el único creyente de Las Ánimas y está siendo acusado, ni más ni menos, que de violar a una niña.

El Paisa está intentando enfriar los ánimos encendidos cuando Rigo y Gregorio llegan al Salón Comunal. El recinto está atestado de gente, igual que en las épocas del Despeje, cuando la guerrilla se movía por esas tierras dictando las leyes y organizando a la gente, como si fueran ciudadanos de otro país. Ciudadanos de la Nueva Colombia, decían.

El presunto ofendido, padre de la niña, observa la escena desde unos ojos vidriosos, ahogado en el mismo aguardiente repetido que le empaña el horizonte desde que comenzó a beber, el domingo. Dos amigotes, los mismos que le han dado pedal durante tres días de trago y putas y pollo asado, tamales y caldos, lo sacuden, tratando de involucrarlo en el motín que han cocinado. El señor Alarcón, un colono llegado del Valle del Cauca, alto y dientón -capataz de varios patrones- es conocido en la región como Lambericas.

El Paisa esgrime un martillo en su mano derecha, lo levanta y lo choca con violencia sobre la mesa de madera. Repite la acción tres veces hasta lograr un silencio precario, plagado de rumores y suspicacias.

-Señor Carvajalino, increpa a don Emilio: se le acusa de violar a la hija de don Ricardo, ¿se declara culpable o inocente?

-Inocente, gime el hombre, mientras busca refugio entre su propio cuerpo para esquivar las miradas y los dedos que lo acusan, los insultos que lo acosan.

-Si es así, que el denunciante presente sus pruebas, ordena el improvisado juez, mirando hacia la calle, enfocando, anhelante, el lejano letrero del bar-restaurante-residencias La Frontera, donde, a esta hora -casi las 12 del día,- debería estar echándose la primera fría del día.

Rigo y Gregorio han guardado las pistolas y observan el juicio sin perderse detalle. Es evidente que la aburrida rutina de Las Ánimas se ha roto y el público pide sangre para aliviar el tedio. Sin embargo, los hechos no son muy claros: el supuesto agresor sí fue visto con la niña, pero varios testigos aseguran que la había sacado de su casa con el permiso de sus padres.

Algunos testimonios indican que Lambericas le entregó su hija a Carvajalino a cambio de un par de mulas, un televisor usado de 21 pulgadas y una motosierra nuevecita.

El juicio se pone patético: llaman a declarar al ofendido y éste a duras penas puede decir su nombre. Cuando le preguntan a Alarcón sobre los hechos, sólo atina a pedir "otra tanda de aguardiente para esta mesa".

Y ahí se acaba el relajo. El paisa declara inocente a don Emilio, las mujeres no ocultan su decepción y los perros se extienden silenciosos y aburridos, sobre el piso de tierra. Los niños sacan sus trompos de madera y los dos guerrilleros siguen su camino hasta el final de Las Ánimas, en busca del señor que va para el campamento. El señor debe llegar donde Rosalba.

Rosalba está en el mostrador principal de la enorme tienda. Se dice que sus ojos han vuelto loco a más de uno. Es hija de Paludismo y de una señora de Bogotá, viuda de un ricachón que decidió invertir su herencia donde la plata diera rendimientos de verdad, no como en los bancos, o en los bonos o en las bolsas. No quiso ser agiotista, ni vivir de la renta, así que siguió el consejo de un cuñado arisco, venido del monte y andariego, que le recomendó el Guaviare para mover la marmaja de la herencia. Después de navegar durante días por el río, se decidió por Las Ánimas, donde conoció a Paludismo.

El tipo no era rico, pero movía todos los hilos del pueblito. Se enamoraron rápido. Él, de las piernas gruesas y de la cara elegante y los modales finos de ella. Ella, del temperamento

apacible y, al mismo tiempo, acechante e inquieto de Paludismo, de sus brazos fortachones y su barriga pronunciada,
de su bigote cerrado y sus carcajadas ruidosas. De su olor a
carretera y a selva.

Rigo y Gregorio le notifican a Rosalba que están esperando
a un señor. "Usted ya sabe dónde avisarnos cuando llegue".
Gregorio no puede disimular la inquietud que le provoca la
presencia de la joven de la mirada de fuego y se queda paralizado cuando la ve. Ella se da cuenta y más lo desafía, picándole
el ojo, caminando provocativa y coqueta por toda la tienda.
Hasta que aparece Paludismo, y Rosalba se hace la seria, pues
le tienen prohibido hacer amistad con los guerrilleros.

Sus padres saben que la muchacha se les puede ir en cualquier momento para el monte, y hacen todo lo posible para
impedirlo. Incluso le tienen prometido mandarla a estudiar
Comunicación Social a Bogotá cuando termine el bachillera-
to, cosa que no sucederá nunca, pues en Las Ánimas sólo hay
estudio hasta octavo grado.

Así que los viejos se oponen a lo inevitable. Una tarde de
domingo descubren que su hija empaca la ropa en su pequeño
morral escolar, después de pasarse el día conversando con una
tal Solangie, una guerrillera muy bonita que pasa cada rato
por el pueblito, y los dos quedan derrumbados. A la mamá
de Rosalba tienen que llevarla al puesto de salud, mientras
Paludismo se ahoga en litros y litros de aguardiente, rodeado
de amigos de ocasión que aprovechan la pena del vecino para
tomarse unos tragos gratinianos.

–Deberíamos nombrar una comisión que vaya a hablar con
el camarada y le pida que no se lleve a nuestros hijos, propone
Paludismo en medio de las risas de los otros.

Todos allí saben que la guerrilla es un destino inevitable, casi único, para los muchachos y las muchachas que crecen en aquellos territorios, abandonados desde siempre por el Estado, habitados por los perseguidos o los excluidos, y ocupados por un ejército cada vez más poderoso que necesita aumentar sus efectivos, pues su objetivo es llegar a Bogotá, más exactamente a la Plaza de Bolívar.

Capítulo IV

Todavía faltan un par de horas para la llegada del bus que debe traer al visitante y, mientras aguardan a la orilla del río, Gregorio y Rigo repasan la larga escena del juicio.

–Mucho viejo tan güevón el Lambericas, armar todo ese escándalo para salir con semejante chorro de babas.

–Y pensar que el señor Carvajalino estuvo amarrado dos días…

–¡Pobre cucho!, si no es porque don Alarcón se emborracha, podrían haberlo jodido. Esa vaina de administrar justicia es bonita, pero no es tan fácil como la pintan. Hay que tener en cuenta mucha maricada, oír los testimonios, valorar las pruebas, ¿me entiende?

–Claro, doctor.

–Pues no seré doctor, pero me va a tocar volverme abogado a las malas. Abogado de mí mismo, a ver si salvo el pellejo.

–¡Por fin cayó en cuenta de la cagada!

–Yo siempre he estado consciente de que la cagada es grande, Gregorio. Pero ya se lo dije: ni puel putas me voy a dejar fusilar por una culiada. Me voy a defender como *pata gatos arriba*, como decía el Javier. ¿Se acuerda de sus juegos con las palabras?

–Claro que me acuerdo: en lugar de Totó la Momposina, decía Popó la Tontosina.

–Y a doña Isadora de Norden le decía Inodora Desorden y a Robert de Niro, Robert Dinero.

-Me acuerdo que el truquito con las palabras se lo aprendió a un cucho que dirigía el noticiero donde comenzó a hacer cámara, por allá en el 94, un tal Morales.

-¿Ése no fue el que se llevó a Javier a Guaduas, una madrugada de borrachera y perico, a que lo grabara echando discursos frente a la casa de Policarpa Salavarrieta?

-El mismo.

-Javier lo quiso mucho. Contaba que el tal Morales le había enseñado a guerrear con la cámara, a meterse donde nadie se metía. "El man es firme", decía.

-A propósito, ¿vio las imágenes que grabó Javier antes de que lo mataran?

-El Camarada no me ha dejado.

-Murió con la cámara en las manos, el ojo pegado al bifander. El tiro que lo mató le dio en toda la mitad de la frente. Cuando se lo pegaron, la cámara se fue al piso, pero antes uno oye cuando él exclama un corto "!ayyyy!. Después, la imagen queda congelada en el pasto, y se oyen los tiros, ¡qué cantidad de tiros!

-Esa escena me tortura todos los días y todas las noches. Creo que me la sé de memoria.

-Pero hay algo que usted ignora, güevón. ¿Sabe quién rescató la cámara, antes de que los chulos se quedaran con el cadáver del Javi?

-No, ¿quién?

-Solangie, hermanito. Solangie fue la que se mandó a rescatar el cadáver de Javier y al no lograrlo le tocó devolverse solamente con la cámara.

-Pues no me extraña, porque —aparte de todo- a la pelada le ha sobrado decisión y valentía en la pelea.

Solangie, la paz y la guerra
(y otros partos)

La caleta de Solangie está en una orilla del campamento, ligeramente retirada de las demás y adornada con afiches del Ché y Shakira. En una repisita de madera reposan su inseparable radio rosado, diversos artículos de aseo, esmaltes de varios colores, una diminuta linterna y dos libros. Solangie acaricia el lomo de uno de ellos, lo toma en sus manos como si fuera un tesoro frágil de porcelana fina, y se queda ensimismada deletreando su título en voz baja, una y otra vez, hasta que cae en cuenta de que no está sola.

Cuando descubre que la curiosidad se ha incrustado en los ojos que la observan, se lanza detrás de los recuerdos que la asaltan. Prende los motores de su memoria minuciosa, se acomoda sobre su cama de palos y hojas, y se ríe tímidamente, con un evidente dejo de nostalgia.

"Estábamos en el páramo, periodista. Llevábamos ya casi un año por esos territorios enormes y helados. El frío nos atravesaba la ropa y después la piel y se instalaba en los huesos, hasta que uno sentía que era como una estatua de hielo, con las manos engarrotadas y la piel cuarteada por el viento. De noche nos dormíamos juntos, de a tres y hasta de a cuatro, bien pegaditos, arrunchados bajo el cielo negro, repartiéndonos el calor de cada uno para ganarle a la temperatura. De día andábamos que daba gusto, en medio de los paisajes más bonitos que yo he mirado en toda mi vida.

Ponga cuidado, periodista: uno se topaba con lagunas diminutas, de un azul que no se puede describir con palabras, lagunas encerradas entre montañas filosas y rodeadas de musgos y líquenes, adornadas de vez en cuando con el vuelo de los cóndores o con el paso de un venado.

Para completar, la gente de la región era mas firme que un riel. Campesinos, hijos y nietos de camaradas que habían ayudado a fundar la guerrilla, por allá en los años 60. Gente que durante toda su vida había oído hablar de "los muchachos", pero que solamente ahora los veía, de carne y hueso.

Durante años, la guerrilla había desaparecido de la región, pero ahora volvía, y nosotros éramos los encargados de recuperar aquel territorio histórico. "Un corredor clave para los planes estratégicos", como nos decía a cada rato el Camarada.

Así que el frío helado se nivelaba con el orgullo hinchado. Nuestro pequeño grupo de siete mujeres y quince hombres era, ni más ni menos, que la avanzada guerrillera más cercana a Bogotá. De noche, cuando todo se ponía negro, podía verse el resplandor de la ciudad a lo lejos y uno decía "estamos cerquita del triunfo". Y así era como espantábamos el frío y las privaciones. A punta de sueños.

Afortunadamente el Camarada sabía bastante, pues ya había fundado un frente guerrillero en el Cauca por allá en los 80, y se pilló que nuestro éxito en aquel páramo dependía de garantizar la comida. Por eso armó como 15 caletas con harta remesa, la mayoría puros granos: el arroz, el garbanzo, la lenteja. Aceite, sal, café, azúcar y harina como un hijuemadre, de maíz y de trigo, para las arepas y para la cancharina (entre paréntesis le comento que si no es por la cancharina no existiría la guerrilla).

Yo digo que esas caletas regadas por las montañas fueron las que nos salvaron la vida. Las caletas y nuestro valor, obvio, microbio. Porque le voy a decir una de las cosas, periodista: el páramo nos puso a prueba y cuando ya estaba todo perdido, cuando los chulos nos tenían completamente rodeados, sacamos a relucir nuestra moral de hierro y logramos romperles el cerco que nos tenían. Perdimos a muchos compañeros, es cierto, pero todos ellos murieron peliando. Sólo uno desertó y para mí, el mancito era un infiltrado.

Yo creo que ese chino hijuemadre fue el que avisó que entre nosotros estaba el Camarada. Por eso se nos vinieron con todo, porque si lo cogían o si lo mataban tendrían tremendo trofeo. "Por fin cayó un pez gordo", hubieran exclamado en la televisión. Y durante semanas y semanas nos hubieran restregado las imágenes del Camarada, preso o muerto, daba lo mismo.

Pero quedaron mamando, periodista. La comida, el valor y este libro, este libro que usted ve entre mis manos, fueron nuestros salvadores".

La edición del libro es rústica al extremo, el papel, amarillento, parece a punto de deshacerse entre las manos de Solangie, que lee en voz alta el título de la obra, una y otra vez, como invocando un viejo verso para inspirarse: "Así se templó el acero…Así se templó el acero…Así se templó…Así".

"Le termino el cuento del libro y ahí si le hablo de doña Clara; yo sé que eso es lo único que le interesa, pero toca que se aguante, porque cuando yo empiezo una historia tengo que terminarla. Si no lo hago me despierto en la mitad de la noche y ya no puedo dormirme, a no ser que se la pueda contar a alguien.

Éste libro que ve entre mis manos lo cargaba Javier, un sardino jovencito, el menor de tres hermanos. Los tres ingresaron al mismo tiempo a la guerrilla. Javier era el más arriesgado, siempre estaba listo para salir en comisión, se echaba al hombro los trabajos más pesados y andaba todo el día de un lado para otro. Cuando lo dejaban mucho tiempo en un campamento, se volvía una pesadilla, no se estaba quieto ni un minuto, se metía a ranchar sin que le tocara y andaba de caleta en caleta, buscando conversa y mamándole gallo al que diera papaya. Lo único que calmaba a Javier eran los libros. Apenas caía un libro en sus manos, se transformaba, se clavaba entre sus páginas y había que verlo, riendo, llorando o maldiciendo, hablando con los personajes como si fueran viejos conocidos. Y aunque leyó de todo y a todos, Javier se quedó siempre con el mismo libro en su mochila y en su corazón y en su mente: este libro, fue el que nos salvó la vida.

Pille el poder de estas páginas: el enemigo nos había ubicado y tenía un anillo como de 200 hombres alrededor de nosotros. Lo único que medio nos salvaba era que habíamos logrado apoderarnos de un filito, arriba en la montaña, desde el cual teníamos a raya a los chulos.

El cerco se apretaba con el paso de las horas. Llevábamos una noche y un día dándonos chumbimba con la chulamenta y esperábamos que volviera a caer la oscuridad para buscar una salida. Pero, preciso, esa hijuemadre noche cayó la luna llena más brillante que yo he visto en mi vida. Una belleza de luna que alumbraba como si fuera de día. La munición era escasísima y el Camarada había dado la orden de guardar los últimos tiros para cuando el ejército se viniera con todo. Para morirnos restiados, mejor dicho.

Recuerdo muy bien que estábamos los unos encima de los otros, en un espacio reducido, tratando de derrotar al frío. Ya amanecía cuando, de repente, por nuestros débiles sueños se empezó a colar la voz gruesa y a la vez dulce de Javier, que nos leía, inspirado y solitario, como un profeta entre las nieblas paramunas, el último capítulo de "Así se templó el acero".

En ese momento ya no quedábamos sino los 11 que finalmente logramos salvar el pellejo. Estábamos hambrientos, congelados y muertos del cansancio, resignados a morir combatiendo, pero aquellas frases leídas en voz alta por Javier se nos metieron por las venas y nos obligaron a salvar la vida. Nosotros decíamos aquella mañana, "pues si ha habido revolucionarios tan berracos, por qué nosotros vamos a ser inferiores". Y esa misma mañana, a ráfaga limpia, logramos romper el cerco del enemigo, nos salimos del páramo y comenzamos la larga travesía que nos trajo de nuevo a la selva.

El Mono se alegró al vernos, sobre todo cuando saludó al Camarada, pero también dejó ver su amargura, pues aunque estábamos vivos, habíamos fracasado en la tarea de consolidar presencia en las afueras de Bogotá.

Cuando regresamos, nos dejaron un par de meses en un campamento muy agradable que se usaba sobre todo para cursos de comandantes. Allí nos recuperamos de la larga marcha y en esa época yo aproveché para ponerme al día con el estudio. Aprendí bien la joda de las comunicaciones e hice un curso de explosivos. También le metí muela a la odontología y me le pegué a un grupito de puras viejas que estaba practicando enfermería.

Yo creo que fue gracias a lo aprendido en esos días que le pude salvar la vida a doña Clara y a la criaturita aquella imborrable noche del parto. ¿Se imagina?: un parto en la oscuridad, alumbrado solamente por los bombardeos que caían sobre nuestro pedazo de selva, con el chinito que no salía y la madre rogándome que le hiciera una cesárea, yo sin herramientas, a duras penas con los cuchillos de la rancha y el hilo de reparar los equipos. ¿Puede imaginárselo, periodista?

Creo que nunca he sudado ni sufrido tanto. Igual, creo que no me había emocionado como esa noche. Porque cuando la criatura pegó el primer berrido yo sentí la alegría mas grande que recuerde, entre las poquitas alegrías que me ha dado la vida.

Me gustaría saber cómo están, qué nombre le pusieron al niño, si ya camina. Aunque a mí, sinceramente, me debería dar rabia todo este asunto, ¿sabe? O, le pregunto, ¿cómo reaccionaría usted si le toca ayudar a un man que se le está comiendo a su mujer? Eso es una joda difícil, no me diga que no, periodista.

Pille que cuando se supo del embarazo de la doña, todo el mundo en el campamento se enteró que Rigo era el papá del niño. A ella le tocó delatarlo, porque el Camarada se la tramó de pura psicología: la amenazó con dejarla libre si no contaba. Y ella, por no abandonar a Ingrid, sapió al Rigo.

Rigo había sido mi compañero. Después de Fidel, el hombre que más he querido. Era el hermano mayor de Javier, el pelao del libro. Y le digo que "era", pues al Javi lo mataron unos meses depués de que regresamos del páramo.

Nos habían mandado en comisión y él estaba grabando una pelea cerca de Puerto Inírida con una cámara último modelo recién llegada de Bogotá, todo emocionado como niño con juguete nuevo, cuando le pegaron un tiro en toda la mitad de la frente. Los chulos se llevaron el cadáver, pero nos quedamos con sus últimas imágenes, que para nosotros son como las últimas imágenes de un naufragio, un video que da escalofrío y finaliza cuando el grita "!Ayyy!", y se desploma al piso.

Pero le estaba contando era de doña Clara. Cuando lo del parto de ella, yo ya había terminado con Rigo. Me dolió mucho que él no hubiera aleteado para evitar que me trasladaran a otro campamento. Yo pensaba que él estaba bien tragado y confiaba en que lucharía por mantenerme a su lado, pero el muy güevón no salió con nada, y ahora me huelo que hasta se alegró de que nos separaran. Se sintió aliviado, mejor dicho, como si lo hubieran liberado de Solangie.

Solangie es cosa seria, periodista. No traga entero, va diciendo lo que piensa ¿entiende? Y defiende sus puntos de vista. Yo sé que aquí tenemos que cumplir una disciplina militar y que gracias a ella hemos llegado a ser un ejército. Pero mucha gente se traga las vainas malas y esas vainas son más destructivas que el propio enemigo.

Rigo me decía que dejara de peliar por todo, que yo no iba a cambiar las cosas a punta de cantaleta. Pero yo no sé callarme y hablé muchas vainas, hasta que le saqué la piedra al Camarada. Él nunca estuvo muy de acuerdo con que yo militara en su campamento, pues es una persona muy tranquila, que se dedica a cranear vainas, ¿me entiende? No es como esos comandantes que andan jodiendo a los guerrilleros, ni se despeluca porque alguien cometa una falta. Está siempre en la jugada, en la política, en la vaina militar, en la joda de tomar el poder, y de ahí no lo saca nadie.

Cuando llegué, después de haber pasado por la Emisora y por otros tres campamentos, me dio una bienvenida amistosa y bacana, pero me advirtió que si le armaba problemas, me devolvía por el mismo camino por el que había llegado.

Yo estuve muy calmada como dos meses, sin meterme con la gente, aguantándome que nadie me determinara, que me trataran como si yo no existiera. Las mujeres andaban pilosas porque les había llegado competencia y los muchachos haciéndose los inocentes, como si yo no les llamara la atención.

Yo soy muy buena en el camello, se lo garantizo, y también me gusta la pelea. Me regalo para ir en comisión, disfruto los combates, ¿puede creerme periodista? Me gusta el plomo, el aleteo que llega con los tiros, la sed que la invade a una, no se lo había dicho antes a nadie, pero se lo confieso hoy en estas confesiones que nunca me imaginé, pero que me gustan porque me liberan. No hay nada como decir todo lo que se siente y lo que se piensa para conseguir la calma del alma y el reposo del espíritu, sobre todo cuando se tiene este espíritu tan bravo.

La paz (mi paz), sin embargo, no duró mucho. A los dos meses ya me pillaba las mismas guevonadas que había visto y oído y sentido en otras partes: los lambones alabando al jefe, los camaradas acomodándose a la rutina, las muchachas buscando marido, el mundo guerrillero en un pantano de maricadas, mejor dicho.

Le confieso, periodista, que cuando me vi en las mismas, otra vez aislada y señalada, me preguntaba si es que la naturaleza humana era inmodificable, si todos éramos igual de hijueputas, sin importar clases sociales, ni cultura, ni sexo. Y me puse rebelde otra vez, por enésima vez, negándome a aceptar que la evolución del ser humano sólo podría lograrse en la nueva sociedad que proclamábamos por el micrófono y por los fusiles y por las noticias.

Hasta que el Camarada no se aguantó que yo planteara, en una reunión de célula, que el Reglamento no se estaba aplicando para todos.

Él sabía que me refería a la joda de los turnos de la guardia y como se vio perdido, optó por ignorar mis palabras.

Pero se guardó la vaina y como a los 15 días me llamó a su oficina para notificarme que me iba y para ordenarme que tuviera listo el equipo ese mismo día, pues en cualquier momento vendrían a buscarme.

Yo no sabía que mi destino sería, otra vez, mi adorada emisora, ni mucho menos me imaginé que, unos meses después, mandarían a Ingrid y a doña Clara hasta estas lejuras.

Recuerdo muy bien el día que aparecieron en el campamento, casi un año después de mi llegada. Doña Clara ya tenía tremenda barriga y caminaba despacito, paso a paso, con Ingrid siempre a su lado. Yo me imaginaba el viaje tan berraco de esas viejas, pues lo había padecido. La verdad, periodista, cada vez admiro más a mis camaradas. ¡Atravesarse más de doscientos kilómetros de selva, con dos secuestradas, una de ellas en avanzado estado de embarazo, en 11 días!".

Capítulo V

–¿Qué horas tiene?

–Las 15 y 30.

–Vámonos que el cucho ya no llegó.

–Esperemos media horita. Mariana nos advirtió que no fuéramos a llegar con las manos vacías.

–Está bien, nos quedamos hasta las 16, pero mosca. A mi no me gusta estar mucho tiempo en el mismo sitio, dando papaya.

–Relájese papá, gócese la hamaca, termínese la Pony y léase otra paginita. Cada renglón de ese libro es una enseñanza.

–No más de imaginarme al Javi leyéndolo en voz alta, en aquel hueco del páramo, se me pone la piel de gallina.

–Pilas que veo venir a Rosalba, parece que trae al cucho.

–Pues no es tan cucho. Ese man anda más que los dos juntos, se lo aseguro. Los flacos se mueven como micos por estas selvas.

–Mejor, así llegamos temprano. Yo tengo mucha vaina atrasada en el campamento. La ropa vuelta una mierda, el equipo todo desordenado, no he limpiado el fusil, no he escrito el artículo para la revista. Mejor dicho, lo que tengo es camello, así que vamos saliendo de una... Ahora no es que se va a agüevar con la Rosalba.

–Esa mujer me deja quieto en primera. La veo y no puedo ni moverme, mucho menos hablarle.

–A la pelada también se le ven las ganas. ¿No ha visto como le echa los perros?

–Bueno, pilas que ahí llegaron.

Rosalba hace esperar, debajo de un árbol, al señor que viene de Bogotá. Lo deja a unos 30 metros del pequeño rancho donde Rigo y Gregorio han colgado sus hamacas. Al fondo se ve el río enorme y feroz, que deja resbalar por su lomo achocolatado una caravana de embarcaciones de colores vivos y tamaños distintos, todas cargadas hasta el techo. El agua amenaza con meterse en sus entrañas, rebosantes de yuca y plátano, cargadas de reses blancas y furiosas, de marranos ruidosos y de largas tiras de maderas finas. De canastas de cerveza y de mujeres taciturnas que fuman y juegan parqués, esperando que aparezca un caserío en la próxima curva del río.

–¿Llegó nuestro hombre?

–Es el único con pinta de extranjero que venía en la línea y preguntó por ustedes.

–Entonces nos pisamos de una. Chao y gracias.

Solangie de caminata por la selva

O sea que Gregorio y Rigo fueron los que lo llevaron al campamento. ¡El mundo si es un pañuelo! Mejor dicho, ahora el que tiene que hablar es el señor periodista. ¡Cuéntemelo todo, no me calle nada!

¿Cómo así que un silencio total?, si cuando esos dos están juntos no hay quien los calle. Hagamos un pacto, periodista: usted me cuenta todo lo que les oyó hablar entre Las Ánimas y el campamento, y yo le echo la historia completa del parto de doña Clara y la llegada de la criaturita a esta selva.

Le pido que entienda mi curiosidad por lo que hablaron: mire que uno de ellos era mi novio y el otro mi cuñado. Rigo es el mismo que le conté, el que no hizo nada cuando me trasladaron de campamento y es el mismo que dejó embarazada a doña Clara. Yo no sé si todavía lo amo, pero no le puedo negar que me la paso pensando en ese marica.

No he podido odiarlo, aunque se lo merece por lo perro que ha sido. Claro que tampoco se podía esperar otra cosa, porque él es urbano y la gente que viene de la ciudad trae muchas mañas. No es que los campesinos sean los mas fieles, pero –como no han tenido tanto recorrido– cuando conquistan a una muchacha se quedan ahí, contentos y agradecidos. Los urbanos, en cambio, son como picaflores: de una para la otra y así sucesivamente, hasta que se topan con la que les da tres vueltas y ahí si se ponen juiciocitos.

Espéreme tantico y le cuento en par boliones mi cuento con Rigo: él y sus dos hermanos, el difunto Javier y Gregorio, llegaron al tiempo y se adaptaron muy bien a la vida guerrillera, sobre todo porque los tres habían estado en algunos cursos, cuando existía la zona de despeje. Además, imagínese usted, hijos y nietos de comunistas, cómo no se iban a adaptar a este mundo.

No le voy a mentir: a Rigo le eché el ojo desde que llegó. Él es muy atractivo y sabe como llamar la atención. Es el más disciplinado, el más arriesgado en la pelea, el que más baila en las fiestas y uno de los que mejor cocina; súmele a eso un par de ojazos: la combinación perfecta.

Había pasado como un año desde su llegada y yo apenas le había sacado dos palabras y una que otra mirada de reojo. Pero ocurrió que se nos vino encima un operativo muy hijuemadre y nos tocó vivirlo juntos.

La vaina empezó una tarde de junio, con un sobrevuelo continuo del avión fantasma. La primera vez que pasó eran como las tres y el Camarada no le paró muchas bolas al asunto, pues estaba trabajando con sus mandos en la preparación de una emboscada a una patrulla de chulos que andaba dando papaya cerquita de Lejanías. Sólo nos ordenó que estuviéramos pilas, con el oído bien atento al cielo.

A eso de las cinco, el avión volvió a pasar, pero esta vez más bajito y volando en círculos, unos círculos muy definidos alrededor de nuestro campamento.

El cucho, que normalmente se tomaba con tranquilidad los sobrevuelos, se puso nervioso y dio orden de que nos moviéramos de una, como presintiendo la tormenta que se avecinaba.

Todos teníamos los equipos listos, así que emprendimos la marcha inmediatamente. En lugar de mandarnos selva adentro, el Camarada dio orden de que echáramos hacia una lomita de unos 300 metros, detrás de la cual comenzaba un pedazo de monte bien espeso que no hacía parte del círculo trazado por el avión fantasma.

¡Ese cucho sabe mucho!, debe ser por lo que lleva tantos años, desde el 75, en estos trotes. El viejo llegó sardino a la guerrilla, tras una temporada en la Cárcel Distrital de Bogotá. Un día nos contó que había estado preso en el patio "de especiales" 180 días por bloquear la carrera décima durante un paro cívico. Al otro día de estar en la calle, el camarada se despidió de sus viejos con una parranda de tres días, abrazó a su hermana Dalia como si nunca más la fuera a ver, y se lanzó sin medida por los caminos de la subversión.

Cuando se vino la noche ya nosotros estábamos debajo de unos árboles enormes y frondosos, y nos acostamos a esperar lo que todos temíamos. Con esa tensión uno casi no duerme, así que esa noche todos hicimos guardia al mismo tiempo. A eso de las 4:30 de la mañana comenzamos a escuchar el ruido del avión. No había pasado media hora cuando se vinieron. Nosotros teníamos como *escanearles* las comunicaciones y oíamos claritico cuando decían: "¡Con todo, fuego a discreción!".

El estruendo fue terrible, las bombas caían una tras otra y la tierra temblaba lo que usted no se imagina. Yo pensaba "cómo estarán volando a la mierda todas las caletas y la rancha y el aula, y todo lo que construimos durante los casi 4 meses que pasamos allí". Cuando se hizo de día, a eso de las seis y media, cesó el bombardeo y se instaló un silencio mas largo que las sabanas del Yarí. Yo creo que no hay un silencio tan profundo como el que sigue a las bombas.

Todavía estábamos felices, alardeando con la maniobra rápida que habíamos hecho el día anterior, cuando -de repente-, por entre la espesura de la selva comenzamos a ver y a oír las aspas de tres helicópteros que volaban sobre nuestras cabezas escupiendo ráfagas de ametralladora.

Era como un aguacero pero de balas, créame periodista, la vaina que más susto me ha dado en esta vida. Como pudimos, nos resguardamos debajo de unos palos gruesos, pero poco a poco fueron cayendo varios guerrilleros. No había un centímetro de selva por donde no entraran las balas. Nuestra única ventaja era que los chulos disparaban a la loca, pues desde arriba no se ve lo que hay debajo de los árboles.

En medio de la lluvia de tiros, el Camarada dio la orden de que nos moviéramos. Así que cada cual cogió para donde pudo o para donde la vio menos mala. Mientras me volaba, no resistí las ganas y me paré detrás de un árbol enorme a echarles un par de ráfagas a los chulos. Después seguí corriendo como loca y cuando voltié a ver, Rigo venía a mi lado.

Ahí mismo pensé en el refrán que dice "no hay mal que por bien no venga" y me pegué a sus pasos de gacela en busca de un refugio seguro.

No me lo va a creer, periodista, pero duramos tres días perdidos en la selva, él y yo solos. Por agua no tuvimos problemas, pero el hambre que pasamos fue una cosa berrionda. Nos tocó alimentarnos con puras raíces y cocos. Pero habíamos salvado la vida y ahora nos tocaba recuperar el contacto con los camaradas.

Andando por la selva, una no sabe para donde va ni de donde viene; puede terminar caminando varios días en círculo y no darse cuenta, pero no tiene mas remedio que seguir, pues de lo contrario se lo come la manigua. Imagínese qué muerte tan horrible: "A Solangie se la tragó la selva".

Al tercer día de andar y andar, casi siempre en total silencio, con los ojos y los oídos alertas, ya a punto de caer sin fuerzas, escuchamos un sonido que nos devolvió el alma al cuerpo: era la corneta inconfundible de la chiva, que a nosotros nos sonó como si fuera una canción de Julián Conrado o del viejo Lucas.

Estábamos al lado de la carretera, así que salimos con mucho cuidado y los obligamos a detenerse. Yo había perdido la cuenta de los días, pero supe que era domingo pues la chiva venía cargada de campesinos y campesinas, con sus niños y su mercado y sus gallinas y un par de marranos en el techo que se disputaban el espacio con los borrachos. (Los borrachos siempre son los últimos en subirse y por eso les toca arriba, entre los bultos y los animales).

La gente nos miraba con una mezcla de compasión y asombro, así que me imaginé la pinta y la cara que teníamos. Yo creo que estaba a punto de desmayarme cuando una señora se me arrimó con un jugo que me devolvió el aliento. De inmediato, todo el mundo comenzó a ofrecernos lo que tuviera a la mano: galletas, gaseosa, presas de pollo, pan, morcilla, aguardiente triple anís al clima, cerveza caliente, y hasta sopa de cebada.

La actitud de la gente me llenó la barrriga, pero sobre todo, me llegó al alma. Aquellas manos generosas y la multitud de ojos amigos que descubrí en los desconocidos habitantes de nuestros territorios, me obligaron a pensar que somos invencibles, como lo somos, duélale a quien le duela y gústele a quien le guste.

Después de confirmar que la chiva no se había topado con el ejército, nos aprovisionamos lo más que pudimos y nos fuimos por la selva, bordeando la carretera hasta que encontramos el camino hacia el punto de encuentro que nos había ordenado el Camarada.

Cuando por fin coronamos nuestro destino y los compañeros nos vieron llegar, se armó una fiesta de abrazos.

No me lo creerá, pero durante los días que estuvimos solos y perdidos no pasó nada. Lo máximo fue que nos hubiéramos dado la mano para atravesar algún caño y que las manos se quedaran pegadas un poco más de lo necesario. Pero yo sé que fue en esas noches, tirados sobre las enormes hojas de plátano que Rigo bajaba con su machete; fue viendo amanecer, con la luz colándose por entre las ramas, pelando cocos y buscando agua; fue en las pocas palabras que nos cruzamos y en un par de miradas que se nos estrellaron; fue ahí que comenzó lo nuestro. Un amor largo –porque fueron casi dos años, siendo nosotros tan chinos– bonito y tormentoso, un amor que duró hasta donde debía durar y que me dejó triste y vacía, como dice la canción de don Héctor.

Yo ahora no me entrego como lo hice con Fidel o con Rigo. Me gusta seguir coqueteando y me gusta que los muchachos me tiren pelota, no se lo niego, pero esa güevonada de andar echando lágrimas por un hombre y pensando que la vida no vale la pena sin el amor que se fue, eso no me vuelve a pasar ni en sueños. Y mire que en los sueños a veces le pasan a uno las jodas que menos quiere.

Capítulo VI

Solangie no quiere saber nada de inyecciones para la leshmaniasis ni de sacadas de muelas, ni de huesos rotos, y mucho menos de embarazos o de partos en camino. Ya se lo ha dicho varias veces a Sofía, que viene a cada rato a seducirla con sus jeringas y sus fresas y sus camillas portátiles.

Cuando Sofía oprime un botón, las camillas se abren como las cajas de los magos, para que los pacientes de la selva se olviden del dolor que les espera y se acuesten con los ojos fijos en los retazos de cielo que se insinúan sobre el follaje de verdes interminables.

Solangie sólo quiere seguir gozando sus largos ratos frente al micrófono. Cada día los alarga, tratando de que nadie se dé cuenta, agregándole ideas propias a los párrafos de Rómulo, que le parecen repetidos y vacíos. Disfruta las palabras que se suman sin pausa a su vocabulario y las escribe en su libreta verde de pasta dura, donde alguna vez alguien apuntó los datos de una remesa que llegaba al campamento: dos bultos de garbanzos, once cajas de huevos, aceite, café, arroz en abundancia y unas cuantas latas de sardinas; diez paquetes de galletas Saltinas "en regular estado" y abundante mayonesa. Por la cantidad de mayonesa apuntada en la primera página de la libreta, Solangie deduce que el pedido de la remesa y los apuntes de su llegada son de Sofía. Recuerda que su amiga muere por la mayonesa desde la vez que un señor italiano, de bigotes grandes y olores fuertes, les dio una extraña e inolvidable charla en la hora

75

cultural que se tituló "Jimy Hendrix y la mayonesa" y que dejó pensativo a más de uno.

La libreta verde de pasta dura se ha vuelto la obsesión de Solangie. Es su lugar de reposo, donde le da vuelo a pensamientos descarriados y a las ruedas sueltas de su vida sencilla y rutinaria.

Lee a todas horas lo que caiga en sus manos, sin distinción de género, color, autor o tamaño: testimonios de la gente convertidos en libros por Germán Castro, manuales amarillentos de una tal Marta Harneker; "Los Figurantes" una novela rarísima abandonada por un cineasta holandés que estuvo filmando en el campamento. Poesías de Pablo Neruda, herencia de su Yira del alma. Un adictivo libro de tapa roja que se titula "El único camino", autobiografía de Dolores Ibarruri, una vieja que fue tan berraca y luchadora que le pusieron La Pasionaria. Textos cargados de violencia y de tropeles de todo tipo.

"La historia de la humanidad no es sino una suma de guerras", piensa Solangie mientras devora libros.

Solangie no sabe mucho de historia, pero se le ha metido en la cabeza la idea de que solamente una mujer puede sacar a su país del mierdero que vive hace cien años. Y se empeña, por los micrófonos de su emisora en sustentar la tesis de que ya no es posible alargar más la guerra, hasta que un día los visita Simón Trinidad y les advierte que los tiros se pueden prolongar muchos años más, décadas incluso, y les pone el ejemplo de los irlandeses del IRA que van para 100 años "peliando contra el imperio británico". Entonces queda congelada y aturdida y resignada, pero sigue leyendo en cada paréntesis que le regala el día.

En la pequeña biblioteca de la emisora se topa con las asquerosas pero irresistibles historias de un tal Bukowski y con los misteriosos relatos de un escritor brasilero que se llama Rubem Fonseca, un abogado de bandidos que decidió volverse escritor para poder contar todo lo que había visto en los estrados judiciales.

Cuando termina de leer un cuento de Fonseca titulado "El Cobrador" se queda un largo rato, feliz y ensimismada, con el libro en sus manos, pensando que escribir debe ser el mejor oficio del mundo.

Solangie también lee los editoriales del periódico Voz, que llega puntual, 15 días después de su salida, pero al mismo tiempo se entretiene con "revistas burguesas", sumergida sin remedio y sin pudor, durante horas, en los avisos de las prendas íntimas, la última moda de la lencería, "mi fijación de la infancia", confiesa, pensativa y volátil.

Dedicada de tiempo completo a la Emisora, Solangie no solo hace caso omiso a las continuas invitaciones de Sofía para que se sume al batallón de enfermeras, al otro lado del caño, en un enorme y muy bien dotado hospital de campaña donde se reponen enfermos de enfermedad y enfermos de guerra, sino que incita a su amiga a trabajar en la radio.

–Mire que usted tiene estudio y una voz muy bonita, le dice, seductora y desafiante.

(Sofía apareció en la vida de Solangie desde su regreso del páramo y cuando la vio por primera vez encontró en ella a la persona ideal para salir de unos recuerdos helados y terribles, plagados de muertes, que se le metían todas las noches en los sueños).

Sofía es hiperactiva, no se calla ni un segundo, propone cosas todo el tiempo y es feliz, como Solangie, clasificando a los hombres con una sola mirada: los hay bonitos pero bobos, bobos y bestias, bestias y bonitos, pero casi siempre malos polvos; interesantes pero engreídos; los hay sapos, simpáticos, feos, güevones y perros. La mayoría son perros.

A Sofía le mataron a su compañero hace un año, y el juego de clasificar manes a veces se le convierte en un inesperado ejercicio de repasar ojos, brazos, risas, locuras y tropeles al lado de su Boyaco.

Entonces lo que comienza como un juego termina en sollozos y abrazos y besos profundos entre las dos mujeres, que han ido fabricando –a punta de confesiones y recuerdos– los cimientos de una amistad a prueba de la distancia y del tiempo; de los chismes y los traslados y los comentarios.

Chisme es lo que sobra en los campamentos. "Pueblo chiquito, infierno grande", comenta Solangie cada vez que Sofía le llega con un cuento nuevo.

–El otro día un mancito me trató de lesbiana, le comenta Sofía a Solangie, mientras prepara su equipo para lo que parece ser el inminente parto de doña Clara.

–Eso es lo que dicen cada vez que una no lo afloja, contesta Solangie.

–¡Y si lo afloja, es puta!

–Pueblo chiquito, infierno grande, mamita. No me cansaré de repetírselo.

–Es increíble que en esta selva tan enorme los chismes corran tan rápido.

–A propósito, ¿cómo está doña Clara?

–Ahí la tenemos, con la barriga a punta de estallarle. Pero se ve bien y está tranquila. A veces, cuando se pone a hablar con Ingrid, hasta parece emocionada.

–Se ve que son buenas amigas. Por algo no se dejaron separar el día del secuestro.

–Los muchachos que estuvieron ahí dijeron que doña Clara fue la que insistió en quedarse con Ingrid, pues a ella la iban a dejar libre.

–Es que el secuestro con algún ser querido al lado se hace más llevadero, mire el caso de doña Gloria: mientras tuvo cerca a sus hijos, la cucha estuvo tranquila.

–Yo creo que la historia de esa señora supera la de cualquier película. Siraco, uno de los pelaos que estuvo en la toma del edificio Miraflores me soltó la vaina un día que nos tocó ranchar juntos.

–¡Cuente!

–Es una historia larga…

–No importa, ¡hágale!

–Ellos dizque se aparecieron en el edificio en varias camionetas, montándola de fiscales. Inmovilizaron a los celadores y se pusieron a sacar a la gente, apartamento por apartamento. Después de que les abrían la puerta, los iban echando para abajo, a ver con cuáles se quedaban.

Cuando llegaron al apartamento de doña Gloria, a la cucha se le trabó la puerta y no había cómo abrirla. Por fin lograron entrar a punta de explosivos, pero quedaron aburridos porque el pez gordo que buscaban no estaba en el apartamento.

–¿Y quién era el tipo?

–Jaime Losada, un senador que había sido gobernador del Huila. El viejo siempre volvía a Neiva los jueves, pero preciso ese día se quedó en Bogotá, así que los muchachos le echaron mano a la mujer y a dos hijos, unos pelaos de 15 y 16 años. El mayor, un tal Jaime Felipe, se puso todo alzado y dizque tocó calmarlo a las malas, mientras doña Gloria trataba de apaciguar los ánimos. "A mi mamá la respetan!", gritaba el sardino cuando los sacaron a empujones de la casa.

No tomaron el ascensor, bajaron por las escaleras los siete pisos que los separaban de la calle, ella en piyama, sospechando que habían caído en manos de la guerrilla, y los jóvenes en ropa interior y descalzos, todavía creyendo que aquella gente que daba órdenes y gritaba duro y sin pausa, pertenecía a la Fiscalía.

Cuando llegaron al primer piso se encontraron con la mayoría de los inquilinos del edificio, también en piyama, con el pánico incrustado en los ojos, haciendo cola para subir a uno de los tres camiones estacionados en la calle.

Los celadores, encañonados y con las manos arriba, presenciaban, impotentes y asustados la escena del secuestro masivo.

Al ver a varios de sus vecinos pálidos y mudos, algunos suplicando que no se los llevaran -o que si se los iban a llevar, no se los llevaran con los hijos-, doña Gloria dizque gritó "!Dios mío, nos secuestraron!" y el menor de los muchachos, creo que se llama Juan Sebastián, como que entró en una crisis nerviosa y lloraba sin parar.

Cuando los muchachos terminaron de subir a sus víctimas, los tres camiones salieron en caravana y atravesaron media Neiva a toda velocidad. Atrás, frente al edificio blanco y enorme, quedaron un par de ráfagas al aire y los gritos desesperados de un adolescente, vecino de los Losada, que corrió casi cien metros detrás del camión exigiendo la liberación de sus amigos.

ÚLTIMAS NOTICIAS DE LA GUERRA

Asustados y encañonados, doña Gloria, sus dos hijos y sus casi 30 vecinos, pasaron frente a la discoteca Manhattan -que estaba prendida y bulliciosa por cuenta de una victoria del América en la Copa Libertadores-, y bordearon la Terminal de Transportes, anhelando en silencio que se apareciera una patrulla del ejército o de la policía. Pero lo único que pasó ante sus ojos aturdidos e incrédulos fueron las sucesivas bombillas amarillas y redondas de la autopista sur, cada vez menos fuertes y cada vez más espaciadas, hasta que la oscuridad se apropió del horizonte y les tocó aceptar que estaban en manos de la noche y de la guerrilla.

-Esta podría llamarse la crónica de un secuestro anunciado, dizque comentó uno de los secuestrados, un abogado vecino de doña Gloria que estaba en calzoncillos, con la billetera en una mano y media botella de aguardiente doble anís en la otra.

En las afueras de la ciudad se detuvieron para cambiar de vehículos y un par de horas más tarde, a eso de la una o dos de la mañana, después de muchas vueltas por una carretera destapada, llegaron a La Punta, el destino que se había planeado minuciosa y metódicamente durante meses.

Siraco me contó que cuando por fin se detuvieron, Chucho, el comandante de la operación, hizo bajar a los secuestrados, los formó, los contó y les notificó oficialmente que estaban en poder de la guerrilla. Luego se volteó hacia su tropa, todos los que habían participado en la toma del edificio, y en lugar de echarles el discurso que esperaban, sólo gritó, como si fuera un alarido de victoria: "¡Coronamos!".

Minutos después comenzó a llegar guerrilla como un hijuemadre a La Punta. Eran los compañeros que se harían cargo de meter a la selva a los secuestrados, en pequeños grupos, como de a tres o cuatro por campamento.

Cuando los estaban distribuyendo, Chucho preguntó quién era la señora de Lozada y luego de identificarla, la separó, junto con sus dos hijos, y dio la orden de que le trajeran un caballo. Al ver a los muchachos en ropa interior y descalzos, pidió dos pares de botas y así como estaban los mandó para el monte, junto con un guerrillero que iba herido.

Siraco quedó en la columna encargada de vigilar a la cucha y a los pelaos. Llevaban como una hora de camino, cuando el compa que iba herido dio señales de que no podía seguir caminando, así que tocó bajar a doña Gloria del caballo. Uno de los hijos le prestó las botas a la mamá y siguió a pie limpio por semejante monte, de noche, como cuatro horas más.

En medio de la oscuridad un bejuco golpeó durísimo a la señora. "!Mi ojo, mi ojo!", gritaba ella, pensando que el bejuco se lo había volado. Siraco la alumbró con la linterna y la tranquilizó, asegurándole que todavía tenía su ojo. La pobre en realidad se había cascado duro en la nariz, como que se la había fracturado, y el dolor la derrumbó. Casi no podía caminar.

Para completar, los agarró una de esas madrugadas heladas del monte, con los pelaos todavía en ropa interior y ella en piyama. Esa pobre gente dizque tiritaba, hasta el punto de no poderse mover. Los guerrilleros tuvieron que quitarse chaquetas y camisas para que no se les murieran del frío y les tocó mandar una comisión que buscara ayuda para moverlos. Ese mismo día les llegó un camión atestado de guerrilleros, donde acomodaron como pudieron a los secuestrados.

Por la noche, los tres estaban en el campamento donde habrían de pasar más de un año. Cuando llegaron a su destino final, doña Gloria exigió hablar con el comandante y le pidió que soltara a sus dos hijos. Juan Sebastián, el menor, seguía llorando inconsolable, pronunciando entre sollozos el nombre de Daniel Julián, su hermanito de 8 años que había quedado en el apartamento, dormido a pesar de los estruendos y los gritos. El comandante le dijo a doña Gloria que no le podía cumplir su petición, pero les permitió a los tres ver el noticiero de las siete de la noche. La noticia del edificio Miraflores ocupó medio noticiero y Juan Sebastián dejó de llorar cuando vio a su hermanito en la televisión, rodeado de familiares y vecinos, aunque con la mirada perdida en quién sabe qué pensamientos.

Poco a poco, madre e hijos se fueron acostumbrando a la rutina del campamento, convencidos de que el senador estaría negociando su liberación. Ella jamás imaginó que su esposo la fuera a meter en las listas para el Congreso y mucho menos que fuera a salir elegida en las elecciones del 2.002. Por eso, 11 meses después del secuestro, cuando la separaron de sus hijos para meterla en el mismo sitio donde están ahora todos los canjeables, la señora lloraba y daba alaridos, jurándole al comandante que a ella nadie le había preguntado si quería ser candidata "!Yo salí elegida contra mi voluntad!", gritaba mientras la separaban de sus muchachos.

–Pobre cucha.

–Y lo peor es que en este gobierno no salen, el Mono se los dijo el otro día, cuando vino un periodista a grabarlos.

Capítulo VII

La conversación entre Solangie y Sofía se interrumpe con la llegada de Rómulo. Las dos guerrilleras están sentadas en la sala de redacción de la Emisora, un rústico espacio de mesas y sillas fabricadas con palos recién cortados, en cuyos extremos hay una pequeña cabina para hacer la locución y una consola para controlar el audio y garantizar la transición entre las noticias, las cortinillas y las canciones.

Sobre las mesas reposan un par de computadores portátiles, una impresora, dos micrófonos, varias grabadoras y papel tamaño carta en abundancia.

Aunque no llega a los 40 años, Rómulo parece un buey cansado: camina encorvado, mirando al piso, siempre callado, los dedos de su mano derecha aferrados a un cigarrillo que nunca prende y los bolsillos llenos de bolígrafos y de pequeñas libretas de apuntes.

–Lo que hay para decir, se escribe y lo que se escribe, se lee por este micrófono. Lo demás es paja, mejor dicho habladera de mierda, repite constantemente con aire engreído, detrás de sus gafas redondas y su gorra negra de comisario bolchevique de los años 20.

Desde que se fundó la Emisora, hace ya cinco años, Rómulo ha trabajado en ella. Participó en la larga marcha para entrar los equipos a la selva. Aún se desconoce cómo hicieron seis guerrilleros y cinco guerrilleras para cargar el transmisor, el excitador y los dos amplificadores, primero por las sabanas sin fin y después por las trochas y los caños, caminando por entre pantanos, el agua a la cintura y al menos media tonelada de carga en los hombros, hasta llegar al campamento donde por fin encendieron los equipos y lanzaron su primera emisión, un discurso encendido que parecía la venganza por los sufrimientos del camino.

Ahora Rómulo es el director, heredero de Fidel, que anda por el norte del país echando tiros al lado de Lucia y Luciano en el José María Córdova, y de Ernesto, quien solamente duró un año. El pobre quedó engranado, ni para adelante ni para atrás, luego de que le avisaron que los paras se habían metido a su barrio, en Medallo, y habían matado a su mamá y a sus dos hermanas con una motosierra.

Además de Rómulo, en la Emisora trabajan Adriana, que lleva rato pidiendo traslado, pues "yo no me metí de guerrillera para venir a echar carreta"; Nancy, que tiene la mejor voz pero le cuesta leer de corrido, Copo de Nieve (o Benjamín), un señor canoso que llegó de Villavicencio a dictar unos talleres de redacción y locución mientras escampaba de las amenazas de los paras, y un tal Ghandi.

Éste último es "un cucho simpático", calvo y conversador, de bigote tupido, santandereano y sabio, que después de escribir los editoriales de la emisión matutina se dedica a leer libros gruesos mientras espera que le digan qué hacer y para dónde coger.

Ghandi aprovechó su temporada en la Emisora para operarse de unos juanetes que lo aquejaban desde la adolescencia y mientras se recuperó de la cirugía, escribió sobre Simón Bolívar, cuyo rastro había perseguido sin desmayo por años, silencioso y obsesivo. Los médicos del hospital, al otro lado del caño, le lijaron los huesos de los dedos gordos mientras le contaban la increíble rutina de aquel hospital fabricado en los confines del sur y en las postrimerías del oriente.

Gahndi oyó que el Mono mandó a construir el hospital después de la ofensiva del 98, cuando se dio cuenta que los heridos crecían a medida que aumentaban los ataques. Al principio el Hospital atendió a los que caían por cuenta de la guerra, pero meses después comenzó a recibir a los que caían por culpa de la selva, enfermos de pito o del paludismo en todas sus variedades. Hasta que médicos, médicas, enfermeros y enfermeras terminaron atendiendo a los enfermos de hepatitis y de venéreas. Incluso a los que padecían la enfermedad de la tristeza, pues Mauricio, el director del Hospital, le demostró una madrugada al Mono que sus guerreros sufrían con la sangre y con la muerte, y logró que una de aquellas barracas de camarotes repetidos albergara a los locos que iban dejando los combates.

A propósito de locos, Rómulo –según Sofía– era hijo de un señor que se había enloquecido "por culpa del capitalismo".

"El papá de Rómulo se llamaba Raúl y se había abierto paso en la vida sin ser bachiller. Don Raúl preñó a la mamá de Rómulo cuando ni siquiera había cumplido los 18, así que le tocó trabajar desde temprano, y en lo que saliera. Hasta que logró emplearse como mensajero en Air France, por allá a finales de los 80.

Después de nueve años en diversos puestos de la aerolínea, ascendió hasta el cargo de supervisor de vuelos en El Dorado, con lo cual la situación de la familia fue mejorando año tras año.

Del barrio Timiza se pasaron a una casita en el 20 de Julio y de ahí se mudaron a otra en el 7 de Agosto, pero siempre pagando arriendo. Hasta que en el 91 el viejo consiguió un préstamo con el BCH y logró coronar el sueño de una vivienda propia, en el barrio La Esmeralda y –no contento con la casa– se gastó sus ahorros en un Renault 6 algo deteriorado de latas "pero con el motor enterito".

Para Rómulo, la llegada a La Esmeralda fue un alivio enorme, pues su nuevo barrio colindaba con la Universidad Nacional, donde acababa de comenzar, contra su voluntad, la carrera de Derecho. Había aceptado meterse en el mundo de los códigos pues el viejo –que era quien pagaba– consideraba que los abogados eran las personas más capacitadas para progresar en la sociedad. Su intención de estudiar Antropología le había parecido a don Raúl "una moda güevona" y a doña Alcira le había generado una tristeza larga y resignada pues, suspiraba, "ya no tendremos un abogado en la familia".

–¿Antro qué, le preguntaba la cucha a Rómulo, cuando él trataba de explicarle por qué quería dedicarse a descifrar el paso del hombre por la historia.

–Antropología, madre, le repetía paciente y amoroso Rómulo.

–Pues será esperar a que su hermana se gradué de bachiller para ver si ella nos cumple, contestaba doña Alcira, disimulando su molestia con una resignación falsa.

Los problemas de la familia se reducían a aquellas pequeñas peleas, hasta que una noche fatal, siendo don Raúl jefe del turno de la noche en las oficinas de Air France en el aeropuerto, ocurrió una vaina increíble".

Sofía hace una pausa en su relato para comprobar que no hay camaradas cerca y para asegurarse de que Rómulo está

ÚLTIMAS NOTICIAS DE LA GUERRA

lejos. Lo descubre en el horizonte, frente al caño, alucinado con la luz del atardecer, como todos los días, con un libro entre sus manos.

Solamente cuando está segura de que Solangie es la única persona del mundo que la escucha, continúa con la historia de don Raúl, una versión corregida, manipulada y aumentada (como debe ser) de lo que le contó Rómulo en los amaneceres y las noches que pasaron juntos.

"Don Raúl dizque estaba esa noche en su oficina, después de haber recibido el vuelo de París, cuando de repente se le apareció el encargado de los equipajes, un tal Lucho, con los ojos muy abiertos y una terrible cara de tragedia dibujada en el rostro.

-Afuera —le dijo Lucho a don Raúl- hay una señora enloquecida, dando gritos y lanzando amenazas porque no le aparece una pieza de su equipaje.

Don Raúl le preguntó si ya había revisado en las bodegas de carga y Lucho le dijo que no.

-Pues vaya a la cinta, pregúntele a la señora cómo es la maleta y se va a buscarla en las bodegas, ordenó el viejo.

Quince minutos después, Lucho volvió a la oficina, pero ya no lucía asustado sino aterrado.

El equipaje que esperaba la señora no era una maleta sino un guacal con un perro que traía desde Francia. El hijuemadre perro sí había llegado y —efectivamente- estaba en la bodega de carga, pero muerto, tieso como una piedra.

Don Raúl ya se preparaba para ir a darle la mala noticia a la dueña del animal, cuando Lucho le advirtió con voz temblorosa que aquella señora los podría meter en graves problemas.

-Se ve que la tipa es una dura...Si usted le da la noticia de que el perro está muerto, la cucha lo hace echar, don Raúl, le dijo Lucho.

El viejo dizque quedó quieto en primera y se puso a dar vueltas por la oficina, sorprendido ante las extrañas circunstancias que se le aparecían sin aviso -capaces de lanzarlo a los temidos abismos del desempleo-, cuando una repentina sonrisa le iluminó el rostro.

Tranquilo y aferrado a las luces que le enviaban sus largos años en El Dorado, le pidió al muchacho de las maletas que lo llevara hasta el lugar donde estaba el perro muerto y cuando lo tuvo enfrente se quedó un largo rato mirándolo. Se pilló que era un Cocker, le calculó la edad y le arrancó un mechón de pelos que se guardó en el único bolsillo de su camisa. El perrito era color café tirando a blanco.

-Vaya dígale a la Doña que acabamos de llamar a París y que allá nos informaron que su perro no fue embarcado. Prométale que nos llegará en el vuelo de mañana y asegúrele que nosotros mismos se lo llevamos a su casa.

Lucho dizque se quedó mirando a don Raúl como si el viejo se hubiera vuelto loco, pero cumplió la orden. La señora no quedó muy contenta con el cuento, pero se fue resignada a esperar que los señores de Air France le llevaran su perrito a la casa.

Esa misma noche don Raúl se puso a buscar en las Páginas Amarillas las coordenadas de varias clínicas veterinarias y de almacenes de animales, apuntó teléfonos y direcciones en una hoja y citó a Lucho a las nueve de la mañana en la Caracas con 53.

-Todos esos perros son igualitos -le dijo-, no es sino botar el muerto en un basurero y echar en el guacal uno vivo.

Lucho no quedó muy convencido del plan y se lo hizo saber a su jefe, pero éste le contestó con voz de mando.

-Si me despiden a mi, también lo botan a usted, jovencito, o ¿quién es aquí el encargado de los equipajes?

Lucho insistió en que la cucha se iba a dar cuenta del cambio, pero don Raúl lo dejó neutralizado con un argumento contundente.

-Yo no sabía que los perros franceses ladraban en francés y los de aquí ladraban en colombiano.

Al otro día don Raúl llegó a la cita después de haber botado en un lote el perro muerto envuelto en una bolsa plástica. Y con los pelos que le había arrancado se recorrió todos los almacenes de animales de la Caracas, hasta que en *La Universal de Mascotas*, llegando a la 51, apareció un Cocker como el que buscaban. Lucho se quedó aterrado al comprobar que el perro vivo era idéntico al difunto, y hasta le dio una palmada en el hombro a don Raúl.

-Usted es un genio, jefe. Si no es por su sabiduría, era la hora en que estaríamos buscando trabajo, le dijo, todo agradecido.

Metieron al Cocker nuevo en el guacal, lo subieron al Renault 6 y cogieron por la Caracas rumbo al norte, hacia la casa de la señora histérica.

Tratando de convertir el momento en una ceremonia histórica, don Raúl tocó el timbre de la casa, esperó a que la señora histérica saliera hasta la puerta y, muy orgulloso, le dio a Lucho la orden de que bajara el perrito del carro.

-Como una prueba más de que Air France le cumple a sus clientes, aquí está su animalito, sano y salvo, aunque me imagino que un poco asustado con tantas vueltas, le dijo en tono trascendental don Raúl a la cucha.

La tipa dizque se quedó viendo al perrito con una mezcla de curiosidad y asombro, hasta que le estalló la ira que tenía acumulada durante dos días y exclamó, en medio de sollozos, que ese no era su perro.

-Por supuesto que es su perro, le aseguró don Raúl con la voz más convincente que pudo, en medio del notorio nerviosismo de Lucho.

-¡Pues yo le aseguro que no es mi perro!, gritó de nuevo la señora, mirando fijamente a los ojos de don Raúl, con el dedo índice de la mano derecha señalando el guacal donde el Cocker recién comprado batía la cola sin interrupción, totalmente desentendido del problema.

El viejo sintió que estaba perdido, pero decidió ir hasta el final.

-Pues dígame cómo sabe que este no es su perro, señora- le preguntó desafiante.

-Muy sencillo, imbécil, le contestó la señora, subiendo la voz cuando decía "imbécil": no es mi perro por la sencilla razón de que mi perro venía muerto desde París y el que ustedes me han traído está vivo…

Don Raúl dizque quedó paralizado y ni siquiera pudo mirar a Lucho. Lucho dizque se fue subiendo al carro, con perro y todo, calculando lo que se les venía encima.

-Yo no sé dónde dejaron mi perro -les advirtió la doña-, pero me tienen que recuperar a Jacobo pues yo le juré a mi madre, en paz descanse, que cuando el animalito se muriera, lo enterraría en Colombia.

La cucha dizque subrayó cada sílaba del final de su frase como si quisiera que don Raúl se arrodillara a pedirle perdón por el burdo engaño que estaba cometiendo.

Al terminar aquella escena, el papá de Rómulo y Lucho no tuvieron más remedio que salir de aquel pantano diciendo guevonadas, sonrojados y balbuceantes, con el rabo entre las piernas, que les temblaban de mala manera, como anunciándoles que se quedarían sin piso en una horas.

Durante el trayecto a las oficinas de Air France no pronunciaron palabra. Ambos sabían lo que les esperaba, y lo confirmaron unas horas más tarde cuando fueron llamados a la oficina de personal y les entregaron la anunciaba carta en la que les notificaban su "despido justificado".

Después de semejante película, cuando por fin captó que estaba sin empleo y sin ahorros, el Viejo dizque pasó varias semanas sumido en un silencio total, sentado en el sofá de la sala, con la mirada perdida y la mano aferrada a un viejo revólver que había quedado bailando entre las numerosas herencias familiares.

Unos meses después, le dio por encerrarse en los clósets, empeloto y en posición fetal, pidiéndole perdón a la vida. No hubo siquiatra que pudiera ayudarlo. La familia se dedicó a cuidarlo, e incluso la hermana mayor de Rómulo, Vicky, le consiguió un puesto en la oficina de abogados donde trabajaba su novio, Fernando, pero don Raúl jamás volvió a tener cable a tierra.

A los dos años se murió de un día para el otro, víctima de un coma diabético por tomarse tres coca-colas de un litro, tras despedirse de toda su tribu, durante un tumultuoso Día del Padre en el que les anunció a su mujer, a sus 5 hijas y a su hijo del alma; a sus yernos y a su única nuera, la bella Claudia; y a sus 11 nietos, que se iba, mamado de creerle a los créditos bancarios y a los préstamos de los amigos, hastiado de dilapidar fortunas, arrepentido de no haberse montado en los negocios prósperos que desfilaron frente a sus narices, incapaz de adaptarse "a la época", por culpa de las enseñanzas que le inculcaron su padre, conservador de las montañas sonsoneñas, y su madre, liberal de los llanos boyacenses.

De todo eso se agarraba Rómulo para decir que el capitalismo había enloquecido a su cucho.

Él solo le había dado malos ejemplos durante su infancia: borracheras memorables que terminaban con su papá subiendo escaleras en cuatro patas, paseos a piscinas distantes y enormes en los que él se besaba con una mujer que no era su madre. Relatos de la servidumbre: choferes, sirvientas y ayudantes de la fábrica que le relataban las locuras amorosas de su viejo. Evidencias de la infelicidad que lo acosaba, pese a tenerlo todo. Una tristeza larga e incomprensible que lo llevaba, irremediablemente, a los abismos más profundos, incluidos los abismos de la muerte.

–Qué capitalismo ni qué nada: ese viejo se fregó fue por dárselas de vivo, el deporte favorito de los colombianos, comenta Solangie cuando Sofía termina su historia.

Ya está oscuro cuando Rómulo aparece en la sala de redacción de la Emisora y se queda mirando a Sofía, como si adivinara que había estado hablando de él, y le pregunta a Solangie si tiene lista la nota sobre el camarada Adán.

Solangie le entrega a Rómulo el texto impreso de lo que leerá al otro día, cuarto aniversario de la muerte de Adán.

Rómulo repasa detenidamente la nota. La lee una y otra vez, mínimo tres veces, hasta que se la devuelve con un gesto despectivo y le pide que haga una nueva.

-Esta vaina es un insulto a la memoria del camarada, le dice... ¡Ni más faltaba que ahora nosotros le vamos a dar papaya al enemigo desde nuestra propia emisora!

-No creo que decir que Adán fue un hombre de carne y hueso sea darle papaya a nadie. Y no veo cómo el enemigo podría aprovecharse de que Adán hubiera muerto por el amor y no por la guerra, contesta Solangie desafiante y notoriamente molesta.

-Pues por estos micrófonos −advierte Rómulo enfático, señalando con el dedo índice la mesa de trabajo−, nadie va a decir que el camarada se murió porque su compañera le metió un tiro en el corazón, víctima de un ataque de celos. ¡Adán era prácticamente un miembro del Secretariado!, argumenta Rómulo desencajado.

-Usted sabe que fue Ati la que lo mató, y también sabe que lo hizo porque se llenó de ira cuando salió de la cárcel y se vino a buscar a su hombre y lo encontró con otra, ahí, instalada en su caleta. Esa vaina la saben todos los guerrilleros y todas las guerrilleras de Colombia. Es un capítulo de nuestra propia telenovela, Rómulo, y no veo para qué vamos a ocultarlo.

El director de la Emisora mira a Solangie invadido por la rabia, incrédulo de lo que le oye a aquella jovencita arrogante que lo desafía en público, y decide que tiene que poner las cosas en su lugar, pues de lo contrario perderá por completo su autoridad y su mando. Así que toma nuevamente el texto escrito por Solangie, lo arruga entre su mano derecha y mientras lo tira al piso con fuerza, le ordena a su periodista que escriba otra nota del mismo tema, en la que no se hable de la forma en que murió Adán Izquierdo.

-Así que haberse muerto por amor fue una cagada de Adán, contesta ella, terca y sarcástica.

Por unos segundos, Rómulo se queda en silencio, pensativo, se diría que hasta confundido.

Lo que ha dicho Solangie sobre la telenovela guerrillera le trae imágenes que nadie asociaría con la guerra. Romances increíbles como el que presenció en el 2.002, entre un soldado y un capitán del ejército que estaban en cautiverio; o el del camarada Andrés, que ya tiene como 55 años, con una compañerita que a duras penas pasa los 15. O el caso de Ana, una bellísima guerrillera de ensortijado cabello rubio, que parió cuatro veces en campamentos de la selva y tiene a sus hijos -todos de distinto padre- viviendo con familias campesinas, regados por caseríos de las orillas del Guaviare.

Y, claro, la telenovela mayor: el embarazo de doña Clara Rojas por cuenta de un chino del frente 54, un tal Rigo.

Capítulo VIII

–Por la cara que trae, se la pintaron áspera.

–Áspera y media, marica. El Mono me dijo que una cagada como la mía no se puede quedar en una simple sanción, así que están pensando hacerme Consejo de Guerra.

–Se las canté, hermanito. Yo sabía que se le iba hondo.

–Lo único que me favorece es que la hembra anda diciendo que ella fue la que se me arrimó.

–¿Y le avisaron para cuándo es el juicio?

–No, pero hay una vaina que me preocupa: después de que el Mono me advirtió que me figuraba una sanción grave, el Gato recordó que hace rato no se hacen consejos de guerra en el Bloque, así que no es raro que termine como el cucho que nos pillamos el otro día en Las Ánimas.

–¿Carvajalino?

–El mismo… Ojalá no me amarren, esa es la peor humillación que le pueden hacer a uno.

–Pero si ni siquiera le han quitado el fusil, menos lo van a amarrar, güevón.

–Sea lo que sea, para mi todo ha cambiado. Me siento raro, como si hubiera perdido el impulso.

–¿Y el cucho cómo estaba? ¿Lo vio muy puto?

–¿Sabe que nó?… Hasta me miró con picardía cuando llegué, todo achantado, caminando cabizbajo por entre una especie de calle de deshonor que me hicieron los muchachos que andan con él….todos estaban cagados de la risa.

–O sea que ahora usted es el héroe de esos chinos.

–No es que sea héroe, güevón, es que todos ellos saben cómo es la vaina: papaya dada, papaya partida.

–Eso es con las compañeras, papá, no confunda las vainas.

–Eso es entre personas que se gustan, sean guerrilleros, guerrilleras, civiles, mujeres, hombres o intermedias. A mí no me joda más con su moralismo.

–Ahora no se las venga a dar de que los reglamentos le valen güevo, hermanito.

–No estamos hablando de reglamentos sino de sentimientos, Gregorio.

–¿Ah, si? Entonces ahora resulta que Rigo no preñó a una prisionera de guerra, sino que Rigo está enamorado de doña Clara.

–Lo nuestro no fue solo sexo, Gregorio. Hablamos mucho. Ella me oyó durante horas y yo le escuché una cantidad de historias de su vida mucho antes de que pasaran otras cosas.

–¿Y estaba buena?

–Usted si es la cagada: hace un segundo me estaba cuestionando y ahora le da por el morbo.

–Si no me contesta es por algo.

–Si no le contesto es porque no quiero perratiar lo que pasó entre nosotros.

–Nosotros es un bolero, papá.

–La vida es rara, Gregorio. En un momento uno puede estar metido en el problema más berraco —como estoy yo ahora–, y mañana puede acariciar la gloria. De la felicidad a la tristeza no hay sino unos ojos que se van de repente. Incluso en la selva más brava uno se puede dar cuenta de que cada día es distinto.

–Pues para mí, aquí adentro, todos los días son iguales, menos los domingos (por el fútbol), y el ocho de marzo y el 20 de julio y nuestro aniversario; la navidad y el año nuevo.

–Muchos creen que se les repiten los días, pero eso es falso. Yo nunca he vivido un día igual a otro. La gente piensa que su vida es una rutina, pero eso es carreta.

–No hable mierda hermano, que parece un intelectual barato de barrio bohemio. A la mayoría de la gente se le repiten los días y casi siempre en forma de pesadilla: nunca hay para el bus, menos para el aceite, mucho menos para los huevos y ni siquiera para la panela.

–Mejor se guarda el discurso para otro día, porque ahorita no estoy para la sociología sino para la chumbimba… ¿Será que nos salen los chulos?

–El Camarada dijo que están cerquita y si nos mandó con Chucho es porque va a haber tiros.

–Si hay plomo y me matan, júreme que se va a encargar de que mi hijo sepa quién era yo.

–Usted habla como si estuviera borracho, Rigo.

–Júremelo, marica. Ese niño tiene que saber de dónde salió, pues puede llegar a ser el gran resumen de este mierdero.

Tal como está calculado, la patrulla del ejército delata su vanguardia justo cuando termina la madrugada y se asoma el día. Rigo se acuerda que en el curso para Comandante le oyó decir varias veces al Camarada que "la madrugada es la peor hora para manejar en carretera o para caer en una emboscada".

Chucho, experto en emboscadas, les hace señas a sus unidades para que dejen pasar a los primeros soldados y aplaza la orden de atacar hasta que la trocha se ha llenado de tropa.

Entonces ordena darles con todo, y lo primero que suena es un morterazo que rasga el aire y cae, demoledor y ruidoso, en el centro de la patrulla militar.

Segundos antes de empezar sus anhelados disparos, Rigo ve volar por los aires pedazos de cuerpos del enemigo, mientras la selva se va llenando de gritos.

Los insectos, los pájaros y los sapos, y todos los anfibios y los reptiles que están despiertos y bulliciosos, se silencian con los alaridos desgarrados de los hombres. Gritos que son como confesiones antes de la muerte, súplicas inútiles porque ya el fuego se ha apropiado de la escena y nadie oye cuando alguien alega que tiene tres hijos o que su mujer está embarazada o que les juró a sus viejos que volvería vivo a la casa.

Desde el filito escogido para la emboscada se oyen subir largos gritos de dolor, órdenes breves y amenazas desafiantes, gritos precisos y demoledores.

La frase más común es "ríndanse hijueputas", pero también se escuchan lamentos y sollozos y llantos desconsolados que preceden al final de la vida, o —si están de buenas- al cautiverio eterno en la profundidad de la manigua.

La muerte es preferible, pues, según se ha oído, en las cárceles de la selva la única visita que reciben los secuestrados es la de unos roedores enormes, hervíboros e inofensivos, que andan en manadas y llegan, huelen y se van, ratificándoles a los cautivos que son unos intrusos, increíbles e imposibles, en las lejanías mas hijueputas que alguien pueda imaginarse.

Detrás de los morteros y de los tiros viene la artillería pesada de la guerrilla: aparecen aparatosos cilindros que atraviesan el horizonte dando vueltas, hasta caer sobre la trocha que pronto será cementerio, haciendo volar por los aires todo lo que encuentran. Igual que las bombas lanzadas desde el cielo por el avión fantasma, que destruyen los caseríos donde se han refugiado los sobrevivientes de otros bombardeos, hijos de otras huidas, memorables e imborrables por los siglos de los siglos.

Rigo dispara sin pausa su AK 47, pero saca algunos segundos para observar "con el ojillo del rabo" (como hubiera dicho el difunto Javier), a su hermano agazapado que echa tiros mientras oye en los rincones más recónditos de la memoria las palabras de su padre, el día que asesinaron a Jaime Pardo, un domingo de octubre de 1987, cuando hacía la ruta Choachí-Bogotá.

-Mataron a la perra pero ahí les quedan los perritos- sentenció el viejo, envenenado de rabia y de sabiduría, mirando fijamente las imágenes que mostraban el cadáver del único candidato de la izquierda colombiana que había superado el medio millón de votos. "En su primera salida y siendo un desconocido".

El joven guerrillero tiene grabado el momento que acompañó aquella frase cruda e imborrable: el viejo miraba a los ojos de todos sus hijos, incluyendo los de Juliana -la única que jamás dejaría ir para el monte-, preguntándoles en silencio si se iban a resignar a morir, uno tras otro, o si continuarían resistiendo, como lo habían hecho él y doña Alcira, y como lo hizo años atrás su papá, que se lanzó a buscar refugio y futuro en las montañas del sur del Tolima, con la mujer recién preñada, unas cuantas gallinas coloradas y un marrano recién nacido, detrás de la gente de Tirofijo que huía de los bombardeos aéreos sobre Riochiquito y Marquetalia, y El Pato y Guayabero, por allá en 1964, ya hacía más de medio siglo.

Mientras todo estalla en el aire y la sangre va invadiendo con su color y su olor los suelos de la selva, Rigo acude a su viejo método de "pensar en otras guevonadas", y viaja veloz al rincón de su memoria donde se almacena aquel almuerzo inolvidable de los miembros del Secretariado, en el que tuvo el privilegio de ser guardia, mesero (y lo que se ofreciera), mientras oía a los viejos quejarse de lo difícil que era conseguir misiles tierra-aire.

-En Centroamérica hay unos cuantos que sobraron de los 80, pero nadie nos quiere vender. Los traficantes de armas dicen que lo único prohibido por los gringos en el mercado negro es que nos vendan misiles a nosotros, dijo el Mono aquel día, visiblemente molesto, pues tenía la marmaja para entrar a Colombia unos cuantos aparatos con los cuales darle a los aviones y a los helicópteros del enemigo.

-Si conseguimos esos fierros, le cambiamos el rumbo a la guerra, aseguró el Mono durante aquel almuerzo en Las Cachamas, al tiempo que les anunciaba a sus camaradas que había gente suya trabajando todavía en el asunto.

Rigo recordó que el Viejo se quedó mirando fijamente a los ojos del Mono y que al cabo de un rato le dijo, como un padre sabio que le habla a su hijo acelerado, que la tarea del momento no era soñar con cohetes sino resistir la ofensiva de Uribe con lo que tenían a la mano: buenos fusiles de asalto, algo de artillería pesada y –sobre todo- francotiradores dotados de mira telescópica.

Rigo revivió el momento en que, bajo la sombra de aquel árbol enorme que protegía al Secretariado de un sol feroz e incesante, el Viejo les ordenó a sus cuadros dedicarse a conseguir billete, como fuera, para afrontar los años que se venían.

-Cada uno de nuestros frentes debe bajarse un soldado o un policía al día…Tenemos casi 100 frentes en todo el país, no hay ejército que aguante 100 muertos diarios, sentenció el Viejo, como si estuviera dictando el testamento de su sabiduría militar, acumulada durante años.

Tirofijo no sabía que en las salas de redacción de los noticieros de Bogotá, muchos periodistas opinaban que él era el único "Mariscal de Campo" en la historia de Colombia. E ignoraba, también, que ciertos intelectuales le daban el título de ser "el único político serio que ha tenido Colombia en los últimos 50 años".

El combate terminó hacia las 11 de la mañana y detrás de él llegó un silencio eterno, como un paréntesis pedido por la muerte para tener tiempo de llevarse a los suyos.

Nadie disparó ni volvió a gritar en aquella curva del camino, hasta que Chucho, de pie -dominando la escena desde el filo que había escogido para dirigir el ataque-, dio la orden de asegurar el área.

Los guerrilleros dejaron sus puestos y se acercaron lentamente a los escombros de la tempestad recién concluida; caminaron sobre los restos dejados por los morteros y por los cilindros, y se dedicaron -nerviosos e invadidos por temblores de origen desconocido- a recuperar fusiles, municiones, fornituras, radios y pedazos de radios, brújulas, relojes y hasta cigarrillos de sus enemigos, que habían sido totalmente abatidos.

Al medio día, cuando Chucho le pidió a su ayudante, una tal Consuelo Ávila, que le diera el parte de muertos y heridos (propios y del enemigo), Rigo pensó que la vida era muy rara, pues él había creído que matando chulos se le acabaría la rabia acumulada tras la muerte de su hermano, pero el olor de aquella matazón solamente le había multiplicado la tristeza.

-En total hay 35 bajas del enemigo: 30 muertos y cinco heridos. Dos muertos y tres heridos propios, y no se sabe cuánto material de guerra recuperado, le reportó Consuelo a Chucho.

-Y ¿cómo están los heridos?, preguntó el Comandante.

-Nuestros no hay sino uno grave, con un tiro en la cabeza, y de ellos se salvan todos si les llega ayuda, respondió Consuelo, la única guerrillera que fumaba Pielroja y andaba con el pelo corto por los territorios de las mujeres de largas cabelleras que tropeliaban en el oriente de la Nueva Colombia.

-Los de ellos se quedan en el próximo pueblo del camino, ojalá en manos del cura, y a los nuestros nos los llevamos para el hospital de Mauricio, ordenó Chucho.

En el mismísimo centro de aquella escena, asustado frente al pánico de los soldados recién rendidos y aterrado ante la pequeña colina de muertos que se iba formando frente a sus ojos extenuados - el olor de la pólvora desvaneciéndose en el aire-, Rigo descubrió de repente a su hermano.

Gregorio parecía concentrado y atento, encañonando con su AK a los prisioneros de guerra -cinco soldados heridos, desarmados e inofensivos-, pero era evidente que estaba preocupado y pensativo.

-Después de este totazo se nos vienen con todo, le contestó a su hermano, cuando se le acercó para preguntarle cómo estaba.

-Pues ni modo, le contestó Rigo, así es la guerra. Les damos y nos dan, hasta que alguno afloje y se haga el famoso Pacto de Paz.

-¿O sea que no vamos a ganar nunca?, le pregunta Gregorio a su hermano, entre incrédulo y confundido.

-Ni nosotros, ni mucho menos ellos, hermanito, pero nadie sabe cuánto tiempo y cuántos muertos tendrán que pasar para que lo aceptemos.

-Yo siempre he estado seguro de que ganamos esta vaina, alegó Rigo.

-Que ganamos, ganamos, hermanito. Pero antes de la victoria habrá un Acuerdo para detener los tiros. Y después, sin que dejemos las armas, seremos la fuerza política más importante del país, hasta coronar el poder, tal como está escrito en el Plan Estratégico.

-No sabe cuánto disfruto cuando se pone a hablar de política, Rigo. Me recuerda al cucho y me siento orgulloso de ser su hermano. Pueda ser que por lo menos uno de los dos esté vivo cuando ganemos.

-Ahora que habla de vivos, le tengo que contar algo: tal vez yo esté muerto en unas semanas, Gregorio. No le había querido decir, pero Chucho me notificó ayer que no me van a hacer Consejo de Guerra, sino que me van a llevar donde el mismísimo Marulanda para que él decida qué hacer conmigo…O sea que —como dice sumercé-, se me fue hondo.

-Lo más hondo que se le podía ir, hermanito…El Camarada Manuel es muy estricto con las güevonadas de las viejas y con las jodas del trago y del juego. Acuérdese como se puso cuando se enteró que Los Pozos se había vuelto un culiadero con las civiles.

-Según lo que me dijo Chucho, el Viejo dizque todavía no sabe la güevonada de doña Clara.

-O sea que le van a echar el cuento con usted ahí, para que tenga como descargar la emberracada que se va a pegar.

–Es increíble que yo me vaya a morir por una culiada, después de todos los tiros que me he dado con el enemigo…

–Los de hoy estuvieron bravos. Hay como 30 chulos muertos.

–Mañana dizque tengo que estar con el equipo listo para salir de viaje, pues en cualquier momento vienen por mí.

–Piense en la parte positiva de la vaina: va a tener el privilegio de estar frente a Marulanda.

–No me quiero ni imaginar la cara que pondrá el Viejo cuando le cuenten que uno de sus guerrilleros preñó a doña Clara y que la criatura está por venir a esta selva, que no es igual que venir a este mundo.

Capítulo IX

Laura está más bella que siempre, bronceada y taciturna, sentada en un rincón del bar de Chepe, cuando el periodista entra al lugar, atraviesa la pista de baile sin mirar a nadie, se sienta en un extremo de la barra y pide media botella de whisky.

El reloj fosforescente de la pared anuncia que son las once en punto de la noche, hora exacta en la que ella se acerca al recién llegado, llena su copa vacía con un largo trago –ajeno y sin hielo– y se lo zampa, al tiempo que le estira la mano para presentarse. "Tengo su felicidad en mis manos y puedo adivinar que guarda un secreto que lo atormenta", le dice, tras lo cual le cuenta que acaba de llegar del río La Miel, donde ha pasado dos semanas comiendo de a seis hongos diarios.

Bailan dos horas seguidas, se acaban la media de whisky y a eso de las dos de la mañana, Laura y el periodista salen del bar de Chepe y caminan sin hablar durante casi 10 cuadras, hacia el sur por toda la séptima, hasta llegar al apartamento de él. Se sirven dos tragos y salen a un balcón largo y atravesado por vientos helados, desde el cual se ve la ciudad extendida hasta sus confines titilantes del occidente, donde viven los últimos habitantes de la Sabana, sobre todo boyacos, santandereanos, costeños, paisas y vallunos recién llegados a la capital, que se pasan la vida quejándose del frío tan hijueputa, del desempleo tan berraco y de los rolos tan mala clase, en el último paradero de Transmilenio.

El periodista y Laura se están tomando los cunchos de varias botellas deliberadamente dejadas a medias, cuando ella le pregunta - bruscamente- cómo diablos se ha enterado del romance entre un guerrillero y una secuestrada.

Muchos segundos antes de que él reaccione, Laura aprovecha su desconcierto para confesarle que en una de sus recientes noches de hongos, con la luna plateada reflejada sobre las aguas del río La Miel, vio a la secuestrada de su libro tirando con uno de los guerrilleros que la cuidaban, fascinada y libre, desentendida de los dolores que se arrastraban por su vida, como si no existieran los días y las noches repetidos de su cautiverio eterno.

La mujer, según la visión de Laura -que el periodista oye incrédulo y alucinado- se estaba liberando, con su aventura desmedida, de unas cadenas viejas y oxidadas, arrastradas durante años.

Al otro día, cuando ella se ha ido de madrugada —veloz y despelucada- dejando el rastro de su vientre en el aire, y sus olores únicos en las sábanas y en las almohadas, el periodista se despierta pensando obsesivamente en los delirios de aquella mujer misteriosa y se lanza sobre su HP (que cambia automáticamente la palabra culiar por "culpar"), a buscar en Internet las huellas de Clara Rojas.

Descubre que la mujer es hija única entre cinco hombres, nacida en el 63, el mismo año en que había llegado al mundo el Llanero Solitario.

Se entera de que Clara es soltera "enérgica y discreta" y que estudió Derecho entre el 82 y el 86, los años del presidente poeta, la época de la esperanza, de la UP y del Eme, pero también del Palacio de Justicia y de Armero, de la Rubiela y de sus hijos creciendo a orillas del malecón habanero.

También descubre que ha sido profesora de Derecho Económico y que ha conocido a Ingrid en 1.993, cuando Juan Manuel Santos las llamó a las dos a trabajar en el recién creado Ministerio de Comercio Exterior. Una página de Internet, que se titula *Ingrid y Clara*, asegura que "ambas, inteligentes y disciplinadas, se llevaron muy bien rápidamente".

Sin embargo, mientras revisa más páginas de Google en busca de Clara, el periodista sigue obsesionado con los relatos de Laura, y trae a su mente, estremecido, una de las frases que más le quedó sonando.

–No supe que estuviera embarazada, pero si la pillé, encarretada y decidida a todo con aquel pelao, hasta que se lo comió muchas noches, las que ella quiso, le aseguró la mujer del bar de Chepe, mientras él exigía que le precisara todo lo que había visto y oído en su viaje por las orillas de La Miel.

Sentado frente al computador, totalmente desconcertado –la curiosidad transformada en urgencia–, el periodista intenta darle una explicación racional a lo que le está sucediendo. "No es muy frecuente que uno esté trabajando una historia y que de repente llegue alguien, totalmente desconocido, a meterse en sus renglones, como si fuera un personaje más de sus cuentos", piensa, recordando la nocturna aparición de Laura.

Así que se esfuerza por poner en orden las ideas que navegan, confusas y desconectadas, por su tempestuoso guayabo, pero sólo se le aparecen las imágenes y los sabores de la noche anterior.

Ella está totalmente desnuda sobre la enorme cama, los pezones rojos de sus senos erguidos señalando al techo blanco, los dedos de su mano izquierda tocando una y otra y vez el vértice de sus piernas, mientras él, inmóvil, ha quedado mentalmente bloqueado, tras confirmar que su gran tesoro, aquello que supo por fuentes únicas e irrebatibles, y que confirmó luego "en los niveles más altos", es idéntico a las alucinaciones de una mujer que está desnuda y ansiosa sobre sus sábanas azules, aterrizando al mundo después de una semana de hongos a la orilla del Río La Miel, en el departamento de Caldas.

Las inesperadas imágenes narradas por Laura lo trasladan sin remedio a la cama de palos donde grabó durante horas a Solangie, ella sentada en la cabecera en flor de loto, con todas sus pocas cosas al alcance de la mano. Él cada vez más asombrado con las palabras de su entrevistada, que se pinta las uñas de las manos y de los pies con esmalte blanco mientras evoca los días que precedieron el parto de doña Clara.

"Todo iba bien: yo escribía y leía cada vez más cosas en la Emisora, aunque tropeliábamos mucho con Rómulo que me la tenía montada.

Después de que salía el primer noticiero, a las 5 de la mañana, grabábamos cuñas y programas, sacábamos al aire el noticiero del medio día y redondeábamos la faena con la emisión de las cuatro de la tarde.

El resto del día se molía música a la lata, a veces buena y a veces regular tirando a mala. Por la noche no hacíamos noticiero pues nadie podía sintonizarnos, pero trabajábamos en los libretos del día siguiente.

Las noticias nunca paraban y yo sentía que cada vez me hacía más adicta al micrófono. Usted sabe mejor que nadie de que le estoy hablando, periodista. Yira ya me lo había advertido, pero yo no lo creía. Dar noticias es una cosa berrionda, totalmente enviciadora. Y cuando uno se da cuenta, ya no hay nada que hacer pues está metido hasta el cuello en aquel remolino.

Por esos días, faltaba muy poco para que todo se fuera a la mierda, pero nosotros no lo sabíamos, como no lo sospechaba nadie al otro lado del caño, en el próspero hospital de Mauricio.

La rutina transcurría idéntica, sin grandes sobresaltos ni malos presentimientos, como deben transcurrir las rutinas.

Eso no quería decir que hubiéramos bajado la guardia, pues Rómulo, de este lado, y Mauricio, en el Hospital, se comportaban como paranoicos, asignando más de la mitad de sus tropas a las guardias.

Y entre todos nosotros, periodista, las que menos se olían el caos inminente eran Ingrid y doña Clara, la primera dedicada a dar clases de francés por la mañana y a escribir incansablemente por la tarde, y la otra, casi inmóvil, acariciándose día y noche su barriga, acostada en su caleta, sintiendo las patadas firmes de su bebé de sexo desconocido, que se alistaba para llegar al mundo húmedo y único que la vida le había asignado como lugar de nacimiento.

Recuerdo nítidamente la víspera de los bombardeos. Aquel día llovía sin cesar y estábamos dedicados a contar por los micrófonos, una y otra vez, la increíble y triste historia de unos soldados que se habían muerto por culpa de un sembrado de mariguana *mango biche*, en una de las incontables montañas del Macizo Colombiano, departamento del Cauca.

Rómulo decía que teníamos que sacarle todo el jugo posible a esa noticia, pues ella revelaba en cuerpo y alma al enemigo.

Para mí, sin embargo, aquella historia no era sino una prueba más de que la guerra, cuando no era cruel, era ridícula.

Según lo que contaba el camarada Pablo Catatumbo -en una entrevista que le sacó Yira después de que el cucho se había tomado media de ron-, un combo de chulos, más de 30 soldados bien armados y recién bajados de 2 helicópteros rusos, había logrado penetrar en los páramos del Macizo, una zona de vieja tradición guerrillera, y ya tenía rodeada a una escuadra de apenas siete camaradas, cuando, sin saberse a qué horas, cayeron en un sembrado de yerba.

Los soldados hubieran podido caer en un campo minado, unos metros más abajo, pero el destino los mandó derechito a unas matas robustas y bien cultivadas de mariguana, cargadas de moños frescos y olorosos, que los hicieron olvidar de la guerra y de sus peligros.

Los primeros en llegar a la plantación llamaron a los otros con premura, como si hubieran encontrado una guaca.

Minutos después rodaban enormes y carburados tabacos, cuyo humo pasó de boca en boca, acabando con la saliva de los soldados y provocando que sus mentes se olvidaran de los tiros que tenían que echar y de las muertes que perseguían.

Los guerrilleros, rodeados por un enemigo que los superaba en unidades y en armas, se habían atrincherado a pocos metros de los soldados, en los escombros de una casa campesina abandonada, resignados a morir pero también decididos a echar sus restos en el combate desigual e inevitable que se aproximaba.

Sin embargo, cuando sus dedos esperaban nerviosos la orden de disparar, se hizo un largo rato de silencio y la quietud se instaló repentinamente en la montaña.

Eran las cinco de la tarde y los guerrilleros sabían que si llegaban vivos a la noche cercana, podrían escaparse entre la oscuridad, ayudados por las señales cómplices de unos campesinos tercos y decididos a defender el honor centenario de aquellos montes invictos que habían habitado sus antepasados desde el principio de los días.

Tras una larga espera de casi dos horas, cuando el sol de apagaba definitivamente y caía una noche especialmente negra, una nube de olor inconfundible se posó sobre el trozo de montaña que compartían subversivos y soldados, cambiando la tensión que habitaba el aire por unos vientos sucesivos de pensamientos apacibles y profundos.

Un humo espeso y azulado se apropió del aire y de la oscuridad, que caía lentamente sobre la tierra, y los guerrilleros comprendieron que ya no tenían nada que temer, pues sus fieros enemigos habían convertido sus ímpetus tropeleros en risas largas y ruidosas. Y se dedicaban a hablar de sus novias y de otras conquistas, de carros que nunca manejarían y de viajes a destinos inalcanzables, como si estuvieran de rumba y no de guerra.

Entonces Adriana, que se había olido el asunto desde hacía rato, y que era la jefa de la escuadra, dio la orden de atacar a los chulos a pesar de la inferioridad numérica, apoyada en la certeza de que la sorpresa, una de las reglas de oro de la guerra de guerrillas, jugaba a su favor.

Adriana no estaba equivocada, pues ese atardecer de mango biche se murieron 16 soldados colombianos en la plenitud de su traba, a manos de siete guerrilleros que siguieron vivos porque una fanegada de mariguana se interpuso en el camino de su muerte".

Tras evocar el cuento de Catatumbo, Solangie vuelve al día del parto de doña Clara y recuerda nítidamente que después de sacar al aire el noticiero de las cuatro de la tarde se asomaron en el cielo los primeros indicios de lo que se avecinaba.

"Aquel día –como siempre que se oía el OV-10-, lo único que hicimos todos fue verificar que nuestros equipos estuvieran listos para una evacuación de emergencia.

Los encargados de vigilar a los secuestrados le avisaron a Ingrid y a doña Clara (sus únicos cautivos), que estuvieran pilas, pues en cualquier momento tocaba salir del área.

Por lo general, cuando el avión cruzaba de largo al atardecer, congelando el paso del tiempo en las innumerables aldeas guerrilleras regadas a lo largo la selva, el miedo se apropiaba de los habitantes del suelo húmedo, pero minutos después volvía la calma y caía la noche, confirmando nuevamente que desde arriba era imposible detectar lo que pasaba abajo.

Sin embargo, aquella tarde que no se borrará nunca de la mente de Solangie, todo fue distinto.

El OV-10 no volvió a pasar, así que los campamentos se disponían a ingresar en sus rutinas de la noche, cuando, sin aviso y sin pausa, comenzaron a llover bombas.

La primera llegó rasgando el cielo y haciendo volar en mil pedazos la rancha de nuestro campamento.

Yo ya estaba cerquita de mi caleta cuando cayó, así que, entre el resplandor de su explosión ensordecedora (la tierra temblando, los enormes árboles que nos protegían saltando en mil pedazos y la temida muerte anunciando su aparición implacable), corrí como una loca y me lancé sobre mi equipo; me lo eché a la espalda y agarré mi fusil con las dos manos, pensando que –si me iba a morir- por lo menos me encontrarían como una guerrera, aferrada al fierro que me había ganado seis años atrás, buscando ser alguien en este mundo.

Pero nuevamente la sabiduría de los guerreros viejos nos salvó de una muerte segura, periodista.

Los campamentos de la Emisora y del Hospital no solo eran una demostración de lo que éramos capaces de construir en las condiciones más extremas, sino también un canto a las trincheras, el secreto mejor guardado por la guerrilla, después de la cancharina.

Las trincheras eran anchas y largas y profundas y fueron el lugar donde sobrevivimos a aquel ataque infernal durante el cual, contra todas las leyes de la naturaleza, doña Clara parió su criatura.

Nadie puede imaginarse esas trincheras, periodista: huecos profundos de paredes húmedas y colores desconocidos, mezcla de los misterios que guardan las entrañas de la tierra, dos metros debajo de la superficie, la mayoría de ellos cavados durante horas de sanciones y castigos, por guerrilleros y guerrilleras que habían transgredido en algún momento el Reglamento.

Recuerdo que aquella tarde-noche, después de mi carrera suicida, caí en una de esas trincheras, envuelta entre el estruendo de las bombas y los alaridos de los camaradas heridos, escuchando los gritos desesperados de los comandantes que nos ordenaban salir del área.

Rómulo putiaba porque los equipos de la Emisora acaban de volar por los aires, y Mauricio preguntaba, a grito herido, por las secuestradas, pues —más allá de mantener el Hospital— la misión principal que le había asignado el Mono era garantizar la vida de doña Clara y de Ingrid.

A medida que pasaba el tiempo, se hacía más evidente que los chulos nos habían ubicado con precisión, pues duraron más de tres horas dándonos sin respiro.

Al otro día, horas después de que cesó la tormenta, tuvimos que enterrar a quince camaradas, mientras oíamos —vaya ironía-

el llanto poderoso del culicagado de doña Clara, un bellísimo sardino que yo acababa de traer a este mundo entre los alaridos de dolor de su madre y los totazos de las bombas.

Aquellas bombas inclementes, pensaba yo, estaban dando a luz las últimas noticias de la guerra.

Ahora, casi un año después de las vainas que le estoy contando, ya estamos seguros de que fue un hijueputa oculista quien logró mandar al satélite nuestras coordenadas. El malparido llegó por acá, dizque a conjurar una epidemia de conjuntivitis que se había instalado en varios campamentos y —de paso- aprovechó para ver, en unos sofisticados equipos, cómo andaban las miopías, los astigmatismos y las hipermetropías de los guerrilleros.

Pero, en realidad, se pasó casi una semana tomándonos fotos, mientras nosotros creíamos que nos examinaba los ojos. Mandando señales al cielo mientras lo veíamos, muy serio y concentrado, dizque analizando en su computador portátil los datos recogidos durante el día.

Una semana después de que el oculista se fue, quejándose de que todos los días le habíamos dado la misma comida y de que nunca pudo usar su piyama, llegaron las bombas y, semanas más tarde, las noticias de que la conjuntivitis nos había caído bombardeada desde el cielo. Y —para completar- que el tal oculista era en realidad un arriesgado suboficial del ejército que se había ofrecido a infiltrarnos, decidido a vengar como fuera la muerte de padre.

Yo ya estaba en la trinchera, acurrucada y apretando mi fusil entre las piernas, imaginándome la destrucción sin fin que dejarían los bombardeos, cuando oí a Sofía que gritaba sin control, dando unos alaridos entre los que se adivinaba mi nombre.

A punta de intuición (y de oído) me fui acercando al pedazo de trinchera desde el cual salían los pedidos de auxilio de Sofi, hasta que llegué a la escena más tenaz y menos esperada que he tenido en mi vida.

Apenas se pilló el vuelo del OV-10, Sofía había intuído una emergencia, así que echó en un bolso improvisado las herramientas necesarias para un parto extremo y le advirtió a doña Clara que se preparara para salir corriendo en cualquier momento, derechito a la trinchera, 50 metros en línea recta detrás de su caleta, por el mismo camino que llevaba a los chontos.

"Ojo al bajarse al hueco", le advirtió Sofi a doña Clara, pues al medio día le había sentido una contracción y sospechaba que en cualquier momento rompería fuente.

Una hora después del inicio de los bombardeos, Sofía había logrado ubicar a doña Clara en un trozo de la trinchera, solitaria e invadida por el dolor y por el pánico, a punto de parir debajo de la tierra, entre el barro y las bombas que caían sin compasión por todas partes, sin poder alegarle al mundo que una vida estaba por nacer en medio de un festín de muertes circundantes.

Doña Clara se retorcía entre el barro de la misma trinchera donde se salvaba de la muerte, asegurando que su bebé se había dado vuelta por los brincos del bombardeo, y que ya no venía de cabeza, cuando un estruendo repentino hizo temblar la tierra de una manera tan aterradora que parecía anunciar el fin de los tiempos".

Como siempre, después del totazo sin nombre vino un silencio eterno, donde habitó largamente el miedo, hasta que los gritos se adueñaron de aquel momento, y Sofía aprovechó para llamar, con alaridos desgarrados, a Solangie, su amiga firme pa' la que fuera, la única que podía salvarla de la emergencia que apretaba entre sus brazos.

Cuando ella llegó, por fin -sin saberse cómo, ni cuándo, ni de dónde-, Sofi le enseñó las herramientas precarias que había logrado guardar en su maleta de emergencia, mientras le advertía que la criatura "se había volteado" durante el mierdero reciente.

Solangie le preguntó a Sofi si tenía un buen bisturí, justo cuando doña Clara, entre el delirio de sus dolores, pedía a los gritos que la rajaran de una vez por todas y le sacaran su bebé por cesárea, pues estaba segura de que no lo podía parir normalmente.

Entonces Sofi prendió su linterna por primera vez en la noche y le mostró a Solangie lo que había logrado llevar a la trinchera, mientras maldecía que entre aquellos instrumentos, escogidos bajo el agite de las bombas, no estuviera el bisturí que su amiga pedía.

En medio de los gritos de dolor de la paciente, Solangie devolvió veloz su memoria a la primera bomba de la noche caída sobre la rancha, y recordó que la explosión había lanzado un cuchillo muy cerca del lugar donde se refugiaba, así que salió corriendo por los caminos estrechos de la trinchera, en busca de la única herramienta que estaba a su alcance para salvar a doña Clara y al bebé que traía en su vientre.

Encontró el cuchillo enterrado hasta el mango en la tierra, lo lavó con agua de su cantimplora siempre llena y regresó, decidida a todo, al lugar donde Sofi trataba de apaciguar la desesperación y el dolor de doña Clara.

Repasó en el camino de barro lo aprendido en sus cursos de enfermería y tomó aire antes de calcular, mirando fijamente la barriga de doña Clara, la incisión de emergencia que tenía que hacer sobre su vientre inflado, la piel estirada al máximo, a punto de explotarse.

Le indicó a Sofi dónde tenía que alumbrar con su linterna, y atravesó con el cuchillo de pelar tomates la piel de la paciente, 16 centímetros en el bajo vientre, lo suficientemente profundos para abrir el camino de la criatura a la vida, sin que el filo del metal la tocara.

Cuando salió la sangre en abundancia y la piel se abrió resignada, Solangie metió su mano derecha en la barriga de doña Clara, palpó al bebé y lo sacó delicadamente, hasta que lo tuvo en sus dos manos, le cortó el cordón umbilical, lo puso boca abajo y le dio una palmada que lo hizo llorar sin medida, en el aire escaso de aquel agujero, lanzando al viento la noticia de que la vida, otra vez, le estaba ganando la partida a la muerte.

Solangie tuvo que cocer el vientre de la mamá recién parida con el hilo que guardaba para arreglar su morral, mientras Sofi regaba chorros de alcohol sobre la herida de la paciente.

La criatura recién llegada a la selva había sido un niño, al que algunos guerrilleros bautizaron, un rato después, "Bombardeo Rojas", y otros "Acuerdito humanitario", mientras recogían sus muertos y atendían a sus heridos y recuperaban lo que se podía salvar de la tempestad de la noche, esperando que el Camarada les revelara cuál sería su próximo refugio en la selva sin fin que habitaban.

Capítulo X

—¿Sabe de qué me acuerdo mientras espero mi condena?

—Me imagino que le está pasando por la cabeza toda la película de su vida.

—Nada de eso, papá. Me acuerdo de Francisco José de Caldas, caminando por unos corredores oscuros, rumbo al cadalso por allá, a comienzos del siglo XIX, por cuenta de Sámano y de Morillo.

—Usted no va para ningún cadalso, hermano, quítese esa idea de la cabeza.

—¿Se acuerda lo que dibujó Caldas sobre una pared de piedra en su camino a la muerte?

—Cómo no: un óvalo partido por la mitad con una raya negra.

—¡Oh larga y negra partida!, Gregorio, solo que la mía será por cuenta de una pinche culiada y la de él por nuestra independencia.

—Yo diría que la suya no será por cuenta de una, sino de varias culiadas.

—Una o mil, es lo mismo. Lo cierto es que no moriré en combate, Gregorio. Ni, mucho menos, me gozaré el triunfo.

—Pues yo creo que no va para el cadalso, hermano. Su actitud de ayer, en el tropel con los chulos, lo va salvar de morirse. Nadie aceptaría que condenen a muerte a un combatiente como usted.

-El Viejo se va a volver loco cuando le cuenten la cagada con doña Clara, y mi cabeza será lo más cercano que tendrá para calmar su piedra.

-Pero también va a querer que le cuenten lo que pasó y averiguará quién es usted: de dónde salió y qué ha hecho. Y ahí saldrán a bailar nuestros viejos, y la muerte de Javier y todas sus comisiones y los cursos que ha hecho...

-Y todas las cagadas que he cometido con las viejas, por ejemplo el cuento con Solangie.

-Lo de Solangie no es un problema suyo sino de ellos. Es el típico caso de los alumnos que superan a los maestros.

-Ojalá que Solangie esté bien, en su Emisora, lejos de los bombardeos. Creciendo y gozándose la vida, como se lo ha buscado y se lo merece.

-Ahora que vuelve a hablar de ella, hermanito, debo reconocerle que ha sido la mujer más bacana que usted ha tenido...

-El otro día soñé que salía, viva y feliz, de un mierdero el hijueputa. A estas alturas del partido, yo creo –Gregorio- que Solangie es una de las pocas personas de esta guerrilla que se va a gozar el triunfo.

Solangie en el lugar equivocado

"La vida de las personas –ya me lo había advertido Rigo de mil formas durante los años que pasamos juntos- va cambiando de una manera que nadie pude imaginarse, pero yo nunca le paré bolas y mucho menos pensé que llegaría al extremo de terminar atendiendo el parto de su muchachito, un niño que pudo ser mi hijo.

Todavía no se por qué, periodista, pero cuando me contaron que doña Clara estaba embarazada, supe de una que el padre de la criatura era Rigo.

Durante muchos días largos, silenciosos y contenidos, me había pillado la forma en que ellos se miraban, hasta que estuve segura de que, si me sacaban de aquel campamento -lo cual no solo era posible sino seguro, por los tropeles que yo había cazado-, doña Clara y Rigo terminarían en una caleta, culiando desde el comienzo de la noche hasta que él se aburriera, pidiéndole, al amanecer, que le contara al oído minuciosos retazos de su vida.

Rigo era un man arrecho, pero también un romántico empedernido que prefería dos horas de charla y confesiones a un rato de sexo. No es que fuera mal polvo, sino que le daba prioridad a la joda de hablar sus vainas y de evocar sus recuerdos y de ponerle romanticismo a las noches.

Bajo un cielo profundo, a veces lunático, a veces estrellado y otras noches tan oscuro que se desaparecía, Rigo se dormía murmurando viejos versos, cantando tangos o repitiendo frases de su viejo.

Muchas veces caí arrullada con la frase preferida de Rigo: "mataron a la perra, ahí les quedan los perritos…", y desperté al lado de mi guerrero, pensando que él estaba destinado a triunfar o a morirse, mientras yo estaba simplemente condenada a dudar o a morirme, igual que él, pero sin la felicidad que lo acompañaría en el momento de decirle adiós a la vida".

A Solangie le dolían los ovarios cuando veía por televisión las noticias de que sus camaradas habían matado concejales inermes de un pueblo perdido del Huila o que habían acribillado a civiles que viajaban en buses por las carreteras de sus dominios, pero igual se inflaba de orgullo cuando se enteraba de que una avanzada guerrillera había logrado destruir una base de paramilitares o una guarnición del Ejército, que eran lo mismo pero distinto. Así que, nivelando las penas y las noticias, se agarraba de los viejos ideales y continuaba camellando en lo que la pusieran, tan indefensa para decidir su vida como decidida a seguir por el camino escogido y alimentado durante años.

En todo caso tenía claro que andaba mamada de la guerra, agarrada de la certeza de que la Ofensiva Final tendría que darse cuanto antes, cuando se enteró de que Rigo estaba en las mayores postrimerías de la selva (y de su vida), esperando la sentencia del Camarada por haber preñado a doña Clara.

Sentada de nuevo frente al micrófono de una emisora precaria que habían logrado improvisar después del bombardeo reciente, oyó impávida a Rómulo diciéndole, con un tono que simulaba sorpresa, que el segundo hombre de su vida (Rigo, el Urbano) estaba en los campamentos de Marulanda, a la espera de una sentencia "por un asunto de sexo con una civil".

–Soy hijo y nieto de comunistas, Camarada. Llegué a la guerrilla junto a dos hermanos, después de que mi padre, hijo de su amigo Pablo Cruz, nos preguntó si estábamos dispuestos a morirnos por pegar afiches.

En esa época miViejo estaba puto y radicalizado por la joda del asesinato de Jaime Pardo. "Nos han matado a más de 10 congresistas, a cien concejales y a mil militantes, y ahora nos matan al candidato presidencial, o sea que nos espera la peor de las masacres", pronosticaba el cucho, al tiempo que nos advertía, mirándonos a los ojos, que la única que se quedaría con él sería nuestra hermanita Juliana.

Mis dos hermanos y yo comprendimos de inmediato que teníamos que alistarnos para echar p'al monte y unas semanas más tarde, él mismo nos trajo a esta selva, Camarada.

Mi hermano Javier murió hace unos meses en combate.

Y mi otro hermano es un guerrillero ejemplar y único, aunque un poco ciego. Le puedo asegurar, Camarada, que él todavía cree que llegaremos a la Plaza de Bolívar de Bogotá, una mañana soleada y efervescente, celebrando el triunfo con el pueblo volcado a las calles.

Quiero decirle que estoy consciente de mi cagada, pero aprovecho para preguntar, incluso para preguntarle a usted, Comandante, qué hubiera hecho si una mujer, bella y solitaria como doña Clara se les hubiera arrimado.

Yo, Camarada Marulanda, hice lo que hice porque no soy de palo. Cometí una cagada, pero jamás aceptaré que después de los tiros que he tirado y de las veces innumerables que he expuesto mi vida, venga a morirme en su Campamento por cuenta de una culiada.

Marulanda, según cuenta Solangie, basada en lo que el propio Rigo le contó una semana después, cuando lo tuvo inesperadamente de nuevo en su caleta, y se lo volvió a comer una y otra vez, como si el mundo se fuera a acabar unos segundos más tarde, se quedó mirando a Rigo un rato largo desde sus ojos rasgados y atentos.

Al cabo de un rato, Tirofijo le pidió al acusado que le repitiera el nombre de su abuelo y el de sus padres, y cuando los volvió a oír se quedó un largo rato mirando al horizonte, recorriendo, ensimismado y estremecido, cada paso de la caravana de hombres y mujeres y niños (grandes, medianos y hasta recién nacidos) que había huido detrás de él durante los primeros bombardeos de su guerra, hasta que recordó al abuelo de Rigo.

Pablo Cruz, el abuelo del muchacho, se había pegado a la caravana de familias que huía de las bombas, recién casado y decidido a todo, suplicándole durante días y noches de hambre, de tiros y travesías por abismos y quebradas y cuchillas, que le diera un fierro para no tener que morirse como un cobarde, corriendo con su mujer por las montañas del Tolima. Pero aquella comunidad de 36 familias no tenía sino los fierros que había logrado llevar cada uno y Marulanda le había dicho que si quería echar tiros tendría que coronarse su fierro en el camino, quitándoselo a los chulos.

–Yo no sé, ni me importa –le dijo Marulanda a Rigo, mirándolo a los ojos– cómo fue que usted preñó a la prisionera. Pero tengo que decirle que ha faltado a lo que le enseñamos aquí durante años y, sobre todo, a su pasado, a la tradición de sus padres y de su abuelo, el valiente e inolvidable camarada Pablo.

Rigo, con los ojos clavados en un pedazo de tierra donde las gallinas se disputaban el alpiste y las lombrices de la madrugada, oía a Tirofijo, esperando su sentencia con una mezcla de resignación y de rabia.

–Pero me va a tocar absolverlo. Su caso me ha confundido por primera vez desde que comenzó esta guerra, le dijo repentinamente Marulanda al joven guerrillero. Eso sí –agregó– se queda sin fusil durante un año y se prepara para abrir, mínimo, un kilómetro de trinchera.

Rigo, según lo que contó Solangie, dizque tomó una larga bocanada de aire tras oír la sentencia del Viejo y por fin levantó la vista. Le dio las gracias al Jefe Máximo y se echó un discurso sobre su sabiduría militar y política.

Pero Tirofijo ya no estaba oyendo al guerrillero pues se había concentrado en las vainas prácticas, como hacía siempre que le llegaba un problema.

Alzó la voz –dirigiéndose a los jueces, a los fiscales y a los testigos del juicio– y les pidió que le ayudaran a encontrar una salida para semejante lío tan berraco.

–Al hacer el análisis de la situación deben tener en cuenta, les advirtió Tirofijo, que la criaturita es mitad de ellos y mitad de nosotros.

Últimas noticias de la guerra, Jorge Enrique Botero
se terminó de imprimir en noviembre de 2006 en
Litográfica Ingramex, S.A. de C.V.
Centeno 162-1, Col. Granjas Esmeralda
México, D.F.